上海市哲学社会科学学术话语体系建设办公室
上海市哲学社会科学规划办公室
——
资助出版

上海市纪念改革开放40年
研究丛书

# 改革开放40年与中国青年

杨雄 张虎祥 著

上海人民出版社

# 总　序

2018 年，是我国改革开放 40 周年。40 年改革开放历程波澜壮阔，中国人民用双手书写了一部国家和民族发展的壮丽史诗，中华民族沿着改革开放的康庄大道，续写从站起来、富起来到强起来的历史新篇章。

回首 40 年光辉历程，我们对中国特色社会主义道路坚定不移，充满自信。我国从农村联产承包到城市经济体制改革，从深圳特区创建到中国加入世界贸易组织，从浦东开发开放到自由贸易试验区建设，从实行社会主义市场经济到全面推进依法治国，从沿海沿边开放到“一带一路”建设，改革开放一次次突破禁区，冲破禁锢，打破常规，革故鼎新。无数雄辩的事实和辉煌的发展成就充分证明，改革开放是党在新的历史条件下领导人民进行的新的伟大革命，是决定当代中国命运的关键一招，也是决定实现“两个一百年”奋斗目标、实现中华民族伟大复兴中国梦的关键一招。改革开放道路是完全正确的，完全符合中国的国情。改革开放 40 年伟大实践昭示世人，中国之所以能够快速发展，最根本的一条是坚持改革开放。

“改革开放是我们党的历史上一次伟大觉醒，正是这个伟大觉醒孕育了新时期从理论到实践的伟大创造。”党的十八大以来，以习近平同志为核心的党中央继续高举改革开放伟大旗帜，以更大的政治勇气和政治智慧推进改革，用全局观念和系统思维谋划改革，以自我革命的精神重启全面深化改革的进程，推动形成新一轮改革大潮，改革全面发力、多点突破、纵深推进，系统性、整体性、协同性不断增强，重要领域和关键环节改革取得突破性进展，主要领域改革主体框架基本确立。

回首40年光辉历程，我们获得弥足珍贵的经验和启示。一个国家要发展、一个民族要振兴，就必须在历史前进的逻辑中前进、在时代发展的潮流中发展。中国的改革开放之所以能够成功、必然成功，根本的一条是顺应了中国人民要发展、要创新、要美好生活的历史要求，契合了世界各国人民要发展、要合作、要和平生活的时代潮流。纵观当今世界，变革创新是大势所趋、人心所向，是推动人类社会向前发展的根本动力。世界各国都在加快推进改革创新，新一轮科技革命和产业革命正在孕育兴起，谁更有智慧、更有勇气，敢于变革、敢于创新，谁就会抢占发展先机，谁就会居于主导地位。可以说，改革是对执政党生命力的考验，是国家发展能力和竞争力的根本保证。能否改革、能否持续改革，是对当今世界各国执政党政治潜力和执政能力的最大考验。什么样的执政党具有锐意改革的哲学、文化支撑，就具有延绵不绝的竞争力和生命力，就能在未来的世界发展格局中立于不败之地。

回首40年光辉历程，我们对于改革开放自身规律的认识更加深刻。中国共产党领导下的改革开放之所以能够成功，重要的一条是把改革提升到哲学的高度、方法论的层面，用辩证思维把准改革脉搏，妥善处理各方关系，在整体谋划、系统思考中把准改革开放脉搏，在统筹兼顾、综合平衡中把改革开放全面引向深入，这是中国共产党积累的一条基本的改革经验、执政经验。

一是妥善处理顶层设计与基层积累的关系。党的十八大以来，我们更加注重对一些必须取得突破，但一时还不那么有把握的改革，开展一系列先行先试的试点探索，投石问路，然后再把基层积累的可复制、可推广的成功经验，提升到国家顶层设计的层面。当然，决定在哪些领域改革、试点哪些举措、在哪些区域试点，这要从加强改革顶层设计和总体规划的角度去选择。党的十八大以来的发展历程一再明示，基层积累要在顶层设计的前提下进行，顶层设计也要在基层积累的基础上来谋划。

二是妥善处理系统推进和重点突破的关系。随着改革的全面深化，必须强调系统性、完整性、协调性，不可能再像改革初期在某个领域某个方面的单项改革那样，单兵突进，而是要把改革从以经济为主，延伸到经济社会、文化民生等各个领域。同时，改革又不能平均用力、齐头并进，搞一刀切、齐步走，而是要确立关键环节、重点领域，寻找到把改革推向纵深的着力点。整体推进和重点突破，这两者必须相辅相成，不可偏废。

三是妥善处理解放思想与实事求是，胆子要大与步子要稳的关系。搞改革肯定要打破现有的工作格局和体制机制，必然会有风险，不会四平八稳。触动利益的改革，不可能都是敲锣打鼓、欢欢喜喜、轻而易举。各级干部都要有胆量和魄力，必须解放思想，拿出勇气，认准的事就要甩开膀子大胆地干。还要坚持稳中求进工作总基调，推出改革的具体举措一定要充分研究、反复论证、科学评估，做到稳妥审慎，稳扎稳打，蹄疾步稳。

坚持和推进全面改革开放，最重要和最根本的一条，是坚持党的领导不动摇，落实人民中心思想不松劲。我们要始终坚持在中国共产党的领导下，尊重人民群众的主体地位，把改革开放伟大事业深深植根于人民群众之中，紧紧依靠人民的力量推动改革。我们要紧紧围绕人民所思所想所盼，深入开展社会化宣传教育活动，为改革开放事业凝聚力量人心，营造有利氛围。尤其要增强党员干部对改革开放事业的认同感和使命感，引导广大干部群众真心诚意接受改革、拥护改革，引领社会成员自觉地把个体的命运与改革开放事业的兴衰成败相联结，牢固树立以人民群众幸福感获得感和满意度，作为衡量改革发展成败的标尺的执政理念。

“一个时代有一个时代的问题，一代人有一代人的使命。”中国特色社会主义进入了新时代，改革开放又到了一个新的历史关头。我们已经处于“两个一百年”奋斗目标的交汇期，处于迈入实现第一个百年目标、向第二个百年目标进军的关键期，美好的目标就在眼前，更大风险和考验也摆在面前。潮平两岸阔，风正一帆悬。改革开放40年伟大历程告诉我们，始终高举改革开放的旗帜，坚定不移，坚韧不拔，不断把改革开放向全面、系统、纵深推进，是中国特色社会主义伟大事业从胜利走向新的胜利的唯一选择。我们要按照党的十九大和十九届一中、二中、三中全会的战略安排和部署，贯彻新发展理念，深化供给侧结构性改革，加快完善社会主义市场经济体制，推动形成全面开放新格局，深化机构和行政体制改革，改革生态环境监管体制，继续深化国防和军队改革，健全党和国家监督体系。

当好“改革开放排头兵、创新发展先行者”，是习近平总书记对上海一以贯之的要求。党的十八大以来，上海承担了一系列全面深化改革的先行先试任务。上海自贸试验区改革，是通过负面清单的方式解决政府管得太多、太全的问题，探索形成以简政放权、转变职能为核心，以创新方式、提高效能为重点，符合现代治理体系要求、对标国际高标准贸易规则的政府服务管理新模式；上海建设科创中心，是要让我国在从要素驱动、投资驱动发展为主，向以创新驱动发展为主的发展模式切换中，能够走到世界前列；上海为创新社会治理、加强基层建设推出“1 + 6”文件，是要走出一条符合超大城市特点和规律的社会治理新路子；上海率先出台国资国企改革“20 条”，是要实现从“管企业”向“管资本”的转变；上海积极探索司法体制改革，是要率先建立符合司法规律和职业特点的人员分类管理制度。此外，上海还承担了“营改增”税制改革、群团改革、高考综合改革和教育综合改革，等等。这一系列改革使得我们的各项制度、政策更加符合经济社会发展需要，这种勇于改革、善于改革的精神，也成为上海和国家保持发展活力、前进动力的重要支撑和思想驱动。在庆祝改革开放 40 年之际，总结上海经验，为深化我国改革开放事业源源不断提供上海的新思考和新方案，是我们责无旁贷的时代重托与使命担当。

广大社科理论工作者要以庆祝改革开放 40 年为契机，继承和发扬改革开放精神，把我国改革开放基本进程、主要成就、基本经验和内在规律系统总结好、深入挖掘好、广泛传播好，切实转化为学习思考能力、理论创新能力和学术原创能力，使之成为构建中国特色哲学社会科学的出发点和着力点。我们要更好地结合当代中国实际，立足各自学科领域，坚持问题导向、需求导向和价值导向，以中国理论解读中国实践，以中国实践丰富中国理论，在守正出新、博采众长中推进理论和学术创新，久久为功，善作善成，着力推进改革开放史和相关理论研究，为形成布局合理的学科体系、植根中国的学术体系、融通中外的话语体系，加快构建中国特色哲学社会科学作出贡献。

2017年，在中共上海市委宣传部指导下，上海市哲学社会科学学术话语体系建设办公室、上海市哲学社会科学规划办公室启动实施了上海市“改革开放40周年”系列研究。复旦大学、华东师范大学、上海社会科学院等上海多所高校和社科研究机构的专家学者，历时一年辛勤工作，爬罗剔抉，刮垢磨光，探赜索隐，钩深致远，按照“论从史出”“史论结合”的研究路径，在回顾中国和上海40年改革开放伟大实践的基础上，尊重学术规律，凝练理论思考，打造标识概念，构建话语体系，取得了“纪念改革开放40年”系列研究成果。现在选取其中的一部分，汇编成这套“上海市纪念改革开放40年研究丛书”。本丛书囊括经济、政治、社会、文化、哲学、法律、科技、教育、国际关系等多个学科领域，对中国改革开放40年的发展历程，进行全方位阐释和理论解读，对当下我国发展面临的众多问题，进行深入剖析，展开学理论证，谋划应对举策，为我国改革开放再出发提供学术性探索和学者版建议。本丛书能够代表上海学术界对于改革开放40周年的思考水准，呈现了上海社科理论界应当具有的历史责任，反映了社科理论界对我国改革开放未来发展和综合国力继续提高，最终实现中华民族伟大复兴中国梦的美好愿景。

是为序，以纪念改革开放40年！

燕　爽

中共上海市委宣传部副部长、上海市社联党组书记

# 目　录

# 绪论：青年是推动社会进步和托举“中国梦”的重要力量

## 一、当代青年是推动社会进步的重要力量

党的十九大报告提出：“青年兴则国家兴，青年强则国家强。青年一代有理想、有本领、有担当，国家就有前途，民族就有希望。”① 青年作为一种社会承前启后、富有生命力和创造力的代群，是未来社会的主干，是推动社会进步的重要力量。当代青年崇尚自由，但又寻求合作，当代青年行为务实，但又充满梦想。能否充分地认识今日这代新青年，无论对于改革开放40年的今日中国，还是对于一个不断立于变化与发展中的未来中国而言，都极为重要。正是这样一种从不动摇的对青年主流的肯定、对青年群体的信任，才使得我们在长期的革命和建设中始终能得到

① 习近平：《决胜全面建成小康社会　夺取新时代中国特色社会主义伟大胜利——在中国共产党第十九次全国代表大会上的报告》，人民出版社2017年版，第70页。

广大青年的高度拥护和赤诚支持。

21 世纪的未来 15—20 年是我国发展的重要战略机遇期，是全面落实科学发展观，实现“中国梦”的重要关键时期。届时，中国将基本实现现代化（2021 年是中国共产党成立 100 周年，若将视线再延伸，2049 年是中华人民共和国成立 100 周年、2079 年是中国改革开放 100 周年）。为此，共和国之“接力棒”将历史地落到目前还是“后一代”的大中小学生、甚至刚出生的“千禧宝宝”一代身上。因此，当前青年发展和青年问题日益成为一个单位、一个领域和一个城市发展的重大课题。因此，我们应从“大时段”、大视野认识青年国家发展战略的重要性。

观察青年一代的发展，要放到历史与时代结合之坐标系上加以评判。一代总是胜过一代，青年总是拥护改革并跟着改革者走的。这符合历史唯物主义观点。不能说中国改革开放获得了举世瞩目的成就，而青年一代在倒退。客观地说，如果说 20 世纪 90 年代中期之前，中国青年价值观变化具有总体上的“早熟”（模仿西方），那么，现在中国青年价值观和生活风格与世界青年变化几近同步。青年文化总是预示着社会发展的未来。如果说理解是走进青年的关键，那么信任就是赢得青年的关键。

## 二、 青年一代是实现“中国梦”的重要力量

习近平总书记在 2013 年 5 月 4 日讲话中指出：“中国梦是我们的，更是你们青年一代的。”在党的十九大报告中，他又明确指出，中国梦是

历史的、现实的，也是未来的；是我们这一代的，更是青年一代的。青年最富有朝气、最富有梦想。青年梦和国家梦，有内在联系，这就是个人的奋斗离不开国家，离不开中国梦的实现。同时，中国梦的实现，特别是中华民族伟大复兴的实现，又有赖于青年每一个人最大限度把自己的聪明才智和创造力发挥出来。近代以来，中国青年不懈追求的美好梦想，始终与振兴中华的历史进程紧密相联。中国正处在其历史上一个令世人瞩目的崛起期，而这也同时是亚洲的崛起期。中国在改革开放以来的 40 年中，实现了年平均 9％以上的高速经济增长。其结果是，中国从一个封闭贫穷的国家跃进成为超越美国、日本的世界第一贸易大国，GDP 的规模也跃升为世界的第二位。这意味着我们在改革开放 40 年创造的物质财富几乎是过去一百年创造的财富总和；意味着我国经济将进入新一轮加速增长期；意味着社会将给青年带来难得的发展和选择机会。

当代中国青年是开放、爱国的新一代。以“90 后”为主体的中国青年，他们享受着国家快速发展带来的成果，感受着中华民族复兴的希望，他们乐观自信、快乐向上，积极参与公共事务。2012 年中国青年研究中心一项调查显示，当代中国青年拥有清晰、理智的国家责任感，能够有区别地对待不同类型的全球事件并做出恰当反应的。在被调查青年群体中，“爱国家”和“爱世界”二者并不冲突。无论家庭背景如何，我国青少年都拥有较高的自豪感、责任感。这意味着，尽管当前青少年表现出了追求个性、自主，在诸多事情上显得孤傲，不听从权威，等等，但这并不意味着他们放弃了对国家的爱与责任，只是不愿意盲目服从，希望有自己的独到看法而已。总体上来说，“90 后”是比较理性务实、厌烦说教、注重自我的一代。他们积极参与社会公益，却不喜欢被动员。同时，其承载的不同意识形态、价值观念和生活方式，也潜移默化地影响着青年学生的思想观念。调查显示，许多青年人也正在经历着“成长的烦恼”。

## 三、青年对国家认同度上升是实现中国梦的基础

国家意识作为一种社会意识，是公民对国家认知和认同的具体表现。它是一种政治意识、责任意识，是一个国家重要的精神纽带，是公民责任感、义务感和爱国主义的基础，它具有强大的感召力和辐射力，是国家深层次发展的内在动力。人们的认同都是在社会过程中建构的，也是会随着社会制度和经济利益的变更而不断变化或重塑的。事实上，对国家的认知、情感、行为的一致性对于每个个体的自我统一性的建构和幸福感的保持具有至关重要的作用。

美国学者本尼迪克特·安德森强调：“认同是在不同行动者之间互动的过程中、在情景中建构的，它不是预先给定的，也不可能完全以自我利益为中心，它受到共同规则的制约和引导。”① 2010年6月一项北京高校大学生国家认同观问卷调查发现，当代中国大学生的文化认同、政治认同、国际主义认同都比较强烈。乔纳森·弗里德曼曾提出，全球认同

① 本尼迪克特·安德森：《想象的共同体：民族主义的起源与散布》，吴叡人译，上海人民出版社2011年版，第6页。

与民族认同存在着反向作用关系。当全球认同增强时，民族认同便衰弱；当全球认同衰弱时，民族认同便增强。①但是上述问卷调查却显示，中国大学生的国家认同观与国际主义不是此消彼长，而是相互赋权。调查显示，当代中国大学生的国家认同普遍较高，国歌奏起时，94.7％的学生觉得“非常自豪”或“自豪”；89.5％的学生觉得国家的发展与自己休戚相关。多数受访大学生的文化认同感较强烈。②这说明，随着改革开放的深入与中国国力的增强，中国大学生心态日益开放，他们可以以一种平和的、自信的心态来看待自己与外部世界的关系。“中国梦”体现了走中国特色社会主义的道路自信，展现了当代中国青年用青春托举起“中国梦”进程中具有较开阔的国际视野。

## 四、实现“中国梦”需要一代又一代青年接续奋斗

中国特色社会主义事业是面向未来的事业，需要一代又一代青年接续奋斗。为实现中华民族伟大复兴的中国梦而奋斗业已成为当代中国青年运动的时代主题。因此，实现“中国梦”，应将青年发展纳入国家重要战略。

1. 对青年投资就是对未来的投资。2000 年 4 月发表的《千年报告》

---

① 乔纳森·弗里德曼：《文化认同与全球性过程》，郭建如译，商务印书馆 2003 年版，第 117—135 页。

② 吕芳：《我国大学生国家认同与国际主义支持的实证研究——基于对北京高校大学生国家认同观的调查》，《马克思主义研究》2011 年第 8 期。

中，时任联合国秘书长安南指出要把“为青年创造机会”列入优先领域。把青年发展放在国家和社会发展的优先领域，在国际社会间已达成基本共识。青年优先原则在社会公共事务领域的具体体现应主要包括以下内容：在国家经济与社会发展中，优先考虑教育问题，而教育问题首先是青少年的教育，包括知识和学历教育、劳动技能和就业教育、思想品德教育、公民教育等。[①]《2007年世界发展报告》的主题为：“发展与下一代”。正如世界银行行长保罗·沃尔福威茨在前言中指出：“目前，全世界12—24岁这个年龄段的青少年人数超过13亿，成为历史上该年龄段人数最多的一个人群，并且也是历史上该年龄段中最健康、受过最好教育的群体，对于一个不只是要求具备基本技能的世界来说，他们是推动世界发展的强大基础。”[②]青年作为一种社会承前启后、富有生命力和创造力的代群，投资青年就意味着投资未来。因此，当前筹划青年发展国家战略，首先应确立“青年优先发展”理念。

2. 实施积极的青年社会福利政策。当前应加大社会建设投入，关注与解决青年“成长烦恼”。须对重大青少年议题开展深入研究：（1）进入婚育期第一代独生子女的“独生父母”问题；（2）青少年学业负担与青年就业压力所带来的社会后果；（3）大批“海归”回国高潮的来临及对未来社会影响；（4）农村留守儿童和第二代农民工子女就学问题；（5）占城市青年一半人数之外来青年融入城市问题；（6）西方思潮及互联网对青年影响及对策；（7）“90后”一代价值观及其未来走向；（8）巩

① 吉海东、刘刚：《青年优先发展理念及其涵义》，《青年学报》2011年第1期。

② 世界银行：《2007年世界发展报告：发展与下一代》，清华大学出版社2007年版，前言。

固执政党的青年群众基础及青年领袖培养。

制定青年政策，尤其要考虑为青年就学、就业、婚姻、住房、学校教育、家庭福利等提供基本社会保障。第一，福利分配应当制度化。当前，既做大蛋糕，也要分好蛋糕。如最低工资、新劳动法、工会地位、医疗体制、个人所得税和保障房。中国刺激内需，前提是福利分配制度和监督制度要成熟，否则，福利一些人，损害大多数人，不但没能刺激经济，反而阻碍了市场的发展；第二，福利应当成为保障弱势群体青少年的基本工具。福利的目的在于保障，不是在于制造幻觉，制造所谓政绩和公正的幌子。中国扩大福利保障范围，能够做好基础已很不错了，不能大包大揽，计划宏大，导致无疾而终。第三，国家搞福利，应当量力而行，要在保障社会基本生活基础之上，充分利用市场机制激发民众的创富潜力。中国需要扩大福利，消除福利差别化，也要防止福利主义。在经济日益强大的今天，中国应要扩大福利事业，但要杜绝欧洲式坐吃山空的福利主义。一方面要继续做大蛋糕，另一方面也应不断地分好蛋糕，在认识上，更不应将上述两者对立起来。

3. 保证青年参与社会公共事务权利。青年发展的最直接反映是青年的现代化程度。青年的现代化包括青年在观念、素质、行为、心态等方面的现代化特征，是衡量经济社会现代化发展水平的重要组成部分。通过对青年的需求、观念、态度和价值等意向性特征的测定与量化，直观地分析、比较和预测青年的现代化程度，通过青年政策的制定和实施来引导青年的成长和发展。通过对各类指标的准确测评和比较，为制定青年政策、编制青年发展规划提供可靠的基础性和政策性依据，增强决策的科学化和有效性，有利于青年工作的可持续发展。

在国家推进社会民主化进程中，青年参与是全人类发展的一个先决条件，要保证青年参与应是全面的，包括经济参与（包括工作与发展）、政治参与（包括决策进程与权力分配）、社会参与（包括社区参与和同代群体）、文化参与（包括艺术、音乐、文化价值及表现）；在社会福利方面，把解决青年失业、贫困、疾病、公共文化娱乐场所不足、社会服务资源短缺等作为优先考虑的项目；在发展文化艺术方面，应首先考虑有利于青年身心健康和为他们树立正确的人生观和价值观；在制定宏观和微观社会公共政策过程中，始终将青年发展的因素考虑在内，在政策导向上，向有利青年发展的方向倾斜，并将其作为国家青年政策的重要组成部分。另外，要保证青年参与社会公共事务的决策，或通过各种途径广泛听取青年对决策的意见。

4. 加快公平正义社会建设，为青年提供价值观示范。人生如船，梦想是帆，每个人都有一个只属于自己的梦，所有人的梦想汇集起来，就是国家的梦想，就是中国梦。所以，中国梦在追求国强民富、民族振兴的同时，必须追求公平正义，民主法制，公民成长，两者缺一不可。效率与公平是人类社会生活不可或缺的两大价值，他们的关系结构具有明显的社会历史性，不同的关系结构对社会发展的影响不同。如何使效率与公平的关系结构成为更能促进社会稳定和发展的优化结构，始终是中国社会主义现代化发展中需要不断解决的重要问题。由于中国作为“后发国家”事实上在进行现代化“追赶发展”过程中，压缩了发达国家经历过的威权主义、民主化和福利三个时代为一个时代，这必然出现经济发展与权利分享和分配问题的矛盾。发达国家的建设逻辑表明，国家建设和经济发展必须先于政治参与和物质分配，因为分享权利和福利首先要有权利和福利可供分享。但是现实中国却在这种矛盾和冲突到达之前，提前进入了由发达国家组成的国际社会。由此，我们面临经济增长与社会参政和福利需求高涨同时遭遇的挑战。尽管发展的逻辑意味着国家建设和经济发展要先期进行，但发展的政治却迫使我们必须解决好人们（尤其是青年一代）对于参政和分配的期望。制度是实现社会公平正义的根本保证。

同时，在尊重精神自由的同时，须对青年一代进行核心价值观的引导，加强诚实、友爱、敬畏、合作、尊重等核心价值的领引。经济发展固然需要有一个好的制度、政策保证，然而光解决制度层面还不够，整个社会还需要有信念、一个共同价值观。缺乏信念、没有一个共同的价值观，经济发展再快，人们依然会感到不满意。在核心价值的构建上，成人社会应承担示范作用，为青少年树立起遵循核心价值的榜样。在引导方式上要与社会生活接轨，考虑社会生活的导向作用。

5. 从全球化视角出发，开展青年工作。现代国家发展历史证明，经济发展和公平正义冲突的解决惟有通过政府解决，通过转变政府职能，一个均衡发展的和谐社会才能建立。在当前全球化、信息化大背景下，中国的青年现象将越来越表现出明显的世界性，即中国青年的视野会更加开阔，真正地面向世界、走向世界；国际社会中的各种因素对中国青年的影响会越来越多，这些影响可能是正面的、积极的，也可能是负面的、消极的。同时，中国青年事务也将越来越具有国际化性质，这一方面是由于我们参与国际性青年事务将越来越多，另一方面则是由于在中国加入全球化潮流后，在许多事情上必然要按国际性的规范和准则办理，履行各种各样的国际义务。另外，各国在青年事务方面的许多做法和经验，也将被我们自觉地借鉴和吸收。受全球化的各种影响，我国青年在许多方面也已经或正在发生着或些微或显著的变化。面对这种客观情势，我们必须从全球化视角出发，做好青年工作，从而保证青年在实现中国梦进程中，始终成为推动社会进步的积极力量。

# 第一章　改革开放 40 年与青年发展的“长波”现象

从纵向的视角来看改革开放 40 年，伴随着我国经济社会的快速发展变动，青年发展也呈现出某种变动规律，也就是所谓的“长波”现象。正如法国著名历史学家费尔南·布罗代尔曾指出，经济社会史的研究已打破了传统史学的时间观，“它无疑引起了一场革命，观念的更新不可避免地伴随着方法变革和兴趣中心的转移，引进了数量历史，这是上一世纪所不曾听到的事物”。①于是，便出现了一种新的历史叙述方法，即布罗代尔所称的“长时段”的历史研究方法——它是对周期或正确地说对跨周期现象进行描述，这就要求我们重新选择时间尺度。这种方法，最早是由俄国经济学家康德拉耶夫首创的。根据康氏的“长波理论”，世界经济以 50 年左右为一周经历着“升波”与“降波”之循环。后来的不少学者开始纷纷借用这种理论来观察、解释、论证社会、经济、科技乃至

① 费尔南·布罗代尔：《论历史》，刘北城、周立红译，北京大学出版社 2008 年版，第 32 页。

政治、军事发展过程中的波动与涨落。

## 第一节 “长波”现象与青年文化

从理论上看，“长波循环”理论并不是某种预言式的假设。因为历史、文化的未来无法预言，但“长波”理论却能启迪我们在考察历史、文化的同时观照现实，可帮助我们透过纷繁变迁的历史事件把握总体世界。以此反观改革开放40年来中国青年发展的演变走向，我们似乎本能地感受到了隐约其间的、那个起伏波动的“长波”现象。因此，本书将尝试用布罗代尔的“长时段”研究方法来分析、研究中国青年发展脉络，可以发现40年改革开放与青年发展之间呈现某种“波动”对应与规律。中国改革开放始于经济领域，中国青年的发展变化与社会经济改革的潮汐相感应，并最终显现在青年一代对社会变革的反应度上。青年文化的青春性与激进性，决定青年群体对社会生活变化的敏感性。因此，青年文化的变化，必然反映在对社会政治发展状况的热情关注与参与上。政治是经济的集中表现，社会经济生活的每一次波动，必然在青年中引起反应。以此来看，改革开放40年来，中国青年文化已经历了多次较大的“长波”周期。

“长波”升波期（1976年10月—1979年春）。这一时期为中国青年文化的复生期。青年文化在熬过了漫漫十年的政治长夜的“波谷”期后，终于第一次以自主的姿态迎接金色的秋天。如果说“四五运动”是中国青年以整体力量对旧体制的一次勇敢呐喊，那么，1978年的思想解放运动的春风，则激活了中国青年由压抑走向渴望。代表着当时中国青年文化的主体——以老三届为主体的“第三代”青年，取得对新时期主流文化的群体认同感。于是劫难过后的欢欣便理所当然地成为当时中国青年文化的主旋律。

“长波”下行期（1979年春—1981年）。这一时期的中国青年文化主要呈现为：由清醒转入探索的思想特征。从1978年底的“知青”返城风刮起。经过1979年对“文革”理论、“两个凡是”的批判和1980年春的“潘晓讨论”①，最后发生了1980年冬的大学校园“民主选举”风波，由此所牵发的“三信”② 危机使当时的青年文化对主流文化的价值认同与政治热情迅速减退。而当时流行一时、带有“伤痕”情绪的初步反思，则将青年文化引向“反叛”与“偏离”：政治上的愤怒，情感上的悲伤，思想上的怀疑，对历史的感叹，对前途的期待而没有把握，缺乏信心仍然憧憬，尽管渺茫却在希望，控诉、失落、忧思、偏激、痛楚。在这之中流露了曾尝过造反、夺权、派仗、武斗、插队、待业和“三等公民”

① 1980年5月，发行量超过200万册的《中国青年》杂志，刊登了一封署名“潘晓”充满青年人困惑的长信，并首次提出“主观为自己，客观为别人”的伦理命题，最后感叹：“人生的路呵，怎么越走越窄……”随即，一场持续了半年多时间的全国范围内的“潘晓讨论——人为什么要活着”就此引发，共有6万多人来信参与讨论。这个事件后来被称之为“整整一代中国青年的精神初恋”。

② 所谓“三信”危机指的是在改革开放之初，乍走出国门的人们面对中外发展的差距所产生的观念上的冲击，也就是：对马克思主义的信仰危机、对共产党的信任危机、对社会主义的信心危机。人们抛弃了理想主义，转向世俗化。当时很多人为这种现象担心，但这是一个无可奈何的趋势。这正好说明：传统的发展模式必然要走向终结。维持不住理想主义，就维持不住传统模式。改革势在必行。参见萧冬连：《三次危机与中国改革起源》，《新浪历史》2013年12月11日，http://history.sina.com.cn/his/zl/2013-11-12/184173851 2.shtml。

种种酸甜苦辣的“第三代”青年的复杂心理。至此，“老三届”青年面临着“在同一地平线上”的孤独和“晚霞消失的时候”的迷惘。①这，便是当时中国青年文化的普遍情绪。

“长波”升波期（1982年—1985年）。从迷茫走向回归，投身改革，立志成才，乃是1982年—1985年中国青年文化的热点所在。成功地实现中国青年文化由波谷期向波峰期的上升因素是，1981年底中国女排首次夺冠，振奋了中国青年。而1982年9月召开的党的十二大所提出“促进社会主义现代化建设全面高涨”则重新点燃了人们心中的热望。紧接着1983年底党中央又进一步提出要加快城市经济体制改革、重视知识分子、实现领导班子“四化”等战略构想，这些富有远见卓识的决策，激发了当时青年一代为开创社会主义现代化建设新局面、实现“翻两番”目标而贡献青春的热情。概言之，团结起来，振兴中华，从我做起，从现在做起，是当时正在升温中的中国青年文化具有感召力的价值取向。

“长波”下行期（1986年—1987年春）。这一时期，中国青年文化的显著思想征候可以用下列四个字加以概括：惶惑、浮躁。如果说1984年的“世界新技术革命挑战”引发出了当年“观念更新”的时髦话题，那么，1985年推出的“对外进一步开放，对内进一步搞活”的战略，则牵动了当时知识界八面来风的“文化热”，而东西文化的撞击、交流更凸显西方发达国家的“示范效应”。于是从1985年下半年起，中国人被这种“示范效应”弄得心粗气浮。回顾1986年起经济过热带来的社会震荡效

① 《在同一地平线上》（张辛欣）和《晚霞消失的时候》（礼平）分别发表于《收获》1981年第6期和《十月》1981年第1期，这两个中篇小说，是上述时期中国青年思想文化总体情绪的典型反映，在当时这两篇小说拥有无数青年读者。

应，以及蓬勃展开的“文化大讨论”所带来的价值迷失，真实反映了当时思想界、知识界的社会心态：一方面呈现出空前的思想活跃，一方面又表现为异常的思想迷乱。

知识界的情绪必然会传递、影响到青年文化的情绪。1986 年，一方面是“校园文化”热和大学生社团纷呈涌现，另一方面则是青年文化的社会价值参照系正在发生明显裂变与倾斜，即往往以西方文化为基准，来全面观照本民族文化，而青年文化只不过在当时又一次地扮演了社会矛盾激化的预警器功能。

“长波”升波期（1987 年—1988 年）。对于当代青年文化而言：1987 年春夏之际无疑是它的第二次波谷期，其思想情绪之低落是毋庸讳言的。然而，在这期间只有这两件事才稍稍打破了这种沉寂的氛围，那就是 1987 年 6 月的“漂黄探险”壮举①和中国女排的“五连冠”。紧接着 1987 年 10 月中国共产党第十三次代表大会明确提出的中国现代化建设的三个战略阶段的构想，再度诱发人们（尤其是青年代群）仅剩的热情。令人惋惜的是这次升波期十分短暂。

“长波”下行期（1989 年春夏—1991 年）。我们在分析 1988 年的中国青年文化变化脉络时，发生于 1988 年的一系列事件显现出当时经济社会思潮的激荡，如一月份的“球籍讨论”与“蛇口风波”，2 月份的“甲肝”流行，3 月份的“崔健旋风”以及 4 月份的“海南热”，6 月、7 月、8 月

① 1987 年 6 月，由年轻人组成的河南黄河漂流探险队、北京青年黄河漂流队与安徽马鞍山黄河漂流探险考察队协作共进，成功首漂黄河，被誉为“人类漂流史上前无古人的一次壮举”，这是中国人首次用无动力工具完成的对黄河的全程漂流探险，漂流队一寸不落漂完了黄河全程，填补了世界探险史的空白。

份的夏季全国大抢购；9月："兵败汉城"所产生的对中国体育的反思①，11月份知识界纷纷召开十年改革理论研讨会以及岁末政治体制改革再度成为人们关心的话题。1988年的根本特征在于：改革已由一种激情化为一种悲情。由于经济决策上提出要闯价格改革这个关，要冒险，思想价值导向上又实际存在着"双轨制"，因此青年文化在实践上便表现为——经济领域："少干活、多拿钱"的倾向正逐渐积淀为一种普遍的心理认同，政治领域：非民主、非规范的行为正在无可奈何地被青年所接受，文化领域："文化大讨论"热情已伴随着经济、政治的不景气而变为一种准备承受一切痛苦的懊伤感以及准备应付一切事变的恐慌心理。然而，有波谷期，就必须会有波峰期，有降波，同样必定存在升波的可能性。

"长波"升波期（1992年—　）。当代青年价值取向的每一次转型必然紧随于先行的社会体制改革或重大政策的出台之后。1992年，中国的社会形势又发生了转折性变化，使社会转型进入了一个新的历史阶段。以邓小平南方谈话和党的十四大为标志，深入体制改革和加快社会主义市场经济建设已成为我国社会发展的基本主题。国民经济持续快速发展、政治局面和社会秩序保持稳定、思想文化氛围开放宽松的社会发展格局已经形成和巩固。

以上我们所列举的改革开放15年以来中国青年发展的"长波"现象，在进入21世纪以来仍然呈现出其相似的波动。尤其是在党的十八大以来，市场经济的推进进入了前所未有的深度，新旧体制格局的交替亦

① 1988年汉城奥运会，中国的成绩直线下降，300多人的代表团，只拿到了5枚金牌，列奖牌榜第11位，人称"兵败汉城"。

达到相当的程度。随着市场经济成分的迅速扩大，青年也被推到了市场面前。尤其是大学招生、就读、毕业分配制度的深化改革，使青年面临社会需要与自身能力之间的选择，协调、理性、务实的价值观念日益明确，一种关切中国现实、关切具体问题的倾向开始明显增强。青年日益摆脱了偏激、偏见与急躁心理，对改革的承受力明显增强。青年本质上是社会主导精神的受体和载体，而他们只有在参与社会具体实践活动中，在深入工农熟悉中国国情的基础上，才能逐步坚定自己正确的政治信仰，使自己的主导价值渐渐稳定建立并推进社会改革的深入发展。

## 第二节　社会经济、政治“长波”对青年文化的影响

回顾改革开放40年来，我们一次又一次地受到来自经济与政治上的“长波”周期的困扰。若把青年文化“长波”周期分为“同向”、“反向”、“上向”和“下向”时段的话，那么，显现于青年文化“长波”周期的价值矢量则可标识为四个时段（Term）：

同向时段：青年文化对主导文化是理解、认同、参与；反向时段：青年文化对主导文化是背离、拒斥、批评；下向时段：青年文化对主导文化是怀疑、失望、疏离；上向时段：青年文化对主导文化是思考、观望、接近。换言之，在正向与反向时段，青年代群的行为特征是由对自我关注转向对社会思考，在上向、下向时段，青年代群主要由对社会的关注转向对自我的关注而四个时段恰好构成青年文化的一个完成的“长波”周期。

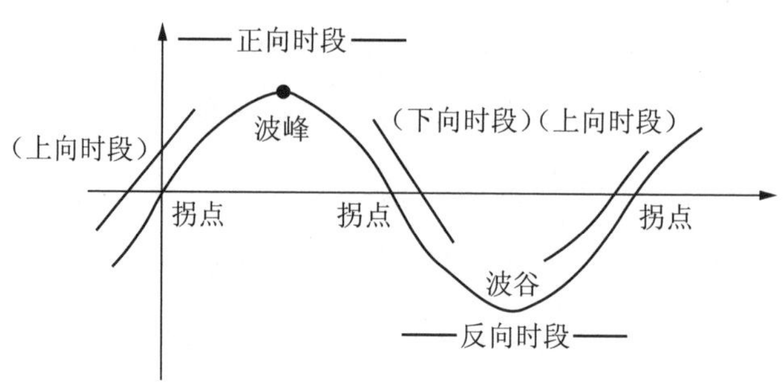


**图 1　改革开放 40 年来中国青年“长波周期”示意图**

上图清楚地显示，“经济改革”变量、“政治改革”变量与“青年文化”变化之间呈现“相向”或“背离”影响、作用关系。如前文提及的 1979～1981 年，国家财政连续出现赤字，物价开始上涨，1985 年下半年的经济改革陷于困难，1988 年下半年价格改革受挫。与这三次大的经济滞胀相对应的是，当时社会出现了三股较大的偏急思潮：“非毛化”、“自由化”和“多元化”与“西方化”。社会经济体制改革的波折与政治价值导向实际存在的“双轨制”，必然影响到当时青年文化的价值取向：1980 年“校园民主”和 1986 年、1989 年两次“学潮”都显现出青年文化典型的“波谷特征”。

反之，当社会经济获得协调发展，改革取得稳步进行时，主导文化的价值导向则对社会学系统（包括青年文化）具有明显的吸纳、示范功能。例如，从粉碎“四人帮”后的“解放思想”党的十一届三中全会提出将工作重点转移到经济建设、从十二大提出“翻两番”目标——1984 年十二届三中全会的加快城市经济改革的决定，以及十三大报告“分三步”走的战略构想和经济改革必须与政治体制改革协调进行等设想，都曾对青年文化起到有效的辐射与积极影响作用。回顾粉碎“四人帮”

后在青年中迅速掀起的“读书热”、十二大后在青年中出现的“成才热”与“爱国热”、1984年十二届三中全会、十三大后分别呈现的青年“参政、议政热”等，都充分展示了上述几个时期中青年文化对社会主导文化的积极认同，从而使青年文化显示出与主流文化明显相向的“波峰特征”。

上述我们列举了改革开放40年来几次重大社会政治、经济“波动”对青年文化所具有的明显牵动、影响效应，是为了说明主流文化与青年文化之间存在相互影响、互动对应的关系。然而，对青年文化“长波”现象起决定性作用的，仍是由青年文化自身特质所规定了的。青年文化的天然特质主要表现为“前瞻性”、“边缘性”和“情绪性”三大特征。

“前瞻性”意味着青年文化的超前倾向与对未来的开放取向。它预示着青年代群向往变革的心理意识。“边缘性”则意味着青年文化作为一种社会学系统的“亚文化”，它总是要受到主导文化的强有力的调控与辐射，因此它自身固有某种向占据中心地位的主导文化递归、汇聚的潜在趋势。当然，边缘性也说明青年文化具有最少保守，易于创新的活性机制。“情绪性”更与青年文化的“长波周期”有密切的关联。“情绪性”的基本特征是——易受感染性与波动性、不稳定性。而青年文化的“长波”现象又往往表现出振幅起落反差大和震荡力度强的特点。而“前瞻性”与“边缘性”又必然反映出青年文化总是以一种矛盾的、二元心态去支配其行为的思维特点。当主导文化价值导向与青年文化的价值取向保持一致时，上述两者往往会产生“同构效应”。这时，青年文化对主流文化就会产生最大认同。譬如，粉碎“四人帮”后，当时整个社会表现出最强烈愿望是，要求有一个安定团结的政治局面，一个恢复和发展经济的社会环境，我们党顺应了人民的这种要求，批判了“以阶级斗争为纲”和“两个凡是”的错误口号，提出了解放思想、实事求是，及时将工作重点转移到经济建设、发展科技教育上来，并处理了一系列冤假错案等。这些正确决策，完全符合人们（尤其是青年）既向往安定、又渴望变革的社会需求，得到高度认同。当时主流文化、经济发展目标与当时人们，尤其是青年一代心态是“锲合”的，于是，社会发展呈现为上升之“波峰特征”。

而到了 1988 年，社会改革攻坚愈益显露出深层利益博弈情势，社会改革的速度也超过了人们能够承受的心理程度，尤其是当“长痛不如短痛”的价格改革受挫后，于是，在知识界、青年学生中弥漫着对改革目标的失落情绪。而脑体倒挂、知识贬值、大学生不包分配、社会分配不公、通货膨胀、道德混乱……这些社会矛盾便在心理承受力弱、情绪波动大的青年代群身上首先得到强烈反应。这是因为改革在青年代群身上产生了“认同危机”，或者说是对改革产生了一种“意义认同”危机。由于行为者（青年代群）无法认清改革者的动机目标，开始对政治文化系统信任降低。当时，青年一代希望变革，但变革是什么？改革目的在哪里？改革的合理性如何得到诠释？改革所带来的社会公平如何体现？青年一代表示不理解。于是表现在青年文化层面是对主流文化价值的不认同。1988 年改革攻坚开始演变为青年代群遭遇“思安心理”与“变革心理”双重“意义认同”危机。于是，社会结构内的风险压力与矛盾高压，最终在青年文化这一社会最敏感环节爆发出来，酿成全国大规模的“学潮”，社会经济与青年文化趋于“波谷状态”。1992 年邓小平南方谈话后，建设中国特色的社会主义的基本理论使改革开放这一“航船”再次沿着正确航道前行。青年文化“长波”再次进入“升波”阶段。90 年代中期青年价值取向变化的鲜明特点是：在经历了 20 世纪 80 年代参与社会改革的正反两方面的体验之后，90 年代青年已抛弃了浮躁与冲动，而以理智、平静、积极态度接受并投身市场经济与社会发展之中。

总结改革开放以来中国青年文化的演进，总体上呈现出波浪式、非均衡发展的基本特征。即当社会经济政治发展态势健康平稳时，青年文化就对社会政治产生较大的认同感，反之，青年文化则可能会对社会主流文化产生较大的偏离。因此，青年文化的健康发展程度，很大程度上取决于改革的宏观背景与主导文化有效导控。

## 第三节　科学总结青年文化的发展变化规律

从改革开放以来青年文化的“长波现象”演变回顾中，可以看到，青年价值观演变，既有与社会主流价值分化的倾向，也有与主流价值整合的取向，如果说 20 世纪 80 年代青年文化的价值取向主要表现为是“传统为本、现代为表”的话，那么，进入 90 年代之后，随着社会主义市场经济体制逐步确立，青年文化价值取向从整体上已呈现出“多元分化，走向整合”的趋势。进入 20 世纪 90 年代后的中国青年是追求独立和注重实际的一代。他们渴望精神独立和自我表现，但又遵从社会规则；他们追求自我价值实现，但同时又不希望与社会发生严重冲突。他们希望生活在得到表现和遵从社会规范之间的平衡状态。90年代青年在关注生活精神意义的同时，更关注对个人日常生活幸福的追求与满足。具体在政治观、成才观和人生观层面，则已由理想主义转向务实主义，由绝对地服从权威向要求平等公正转化，由简单否认传统文化向理智地吸纳传统文化转化。90年代青年对改革继续在关注，只不过他们的关注与80年代相比呈现出不同的特点，对改革的关注不再是出于空洞的政治热情，而表现出务实的特征。他们的热情已经转化为对具体改革措施的关注，与青年自身利益密切相关。

恩格斯讲过，历史是无数平行四边形相互作用而形成的综合体，个人与集团利益就像无数边线。而历史最终将沿着对角线的方向发展。这表明社会历史发展是由各种因素多方面作用的结果，因此，历史绝不是循环的。笔者在本书中无意将社会历史的发展绝对抽象化与数学化，而只想试图阐述如下的看法：

当社会变革的进程一再呈现出某种带规律性的重复征状时，这就实际在提示着我们需要深入研究，分析其现象背后的本质规律，目的是在于更好地把握和控制它。当代中国社会变革进程中的“长波循环”，不是由于改革的战略目标存在什么问题，主要是手段经常发生僭越现象，通俗地讲，手段本是实现结果、达到目的的中介，如果它超越了自己的本分，反而来支配人，让人把它当成目的，那原来的目的便被排挤掉了。一项社会改革的完成需要很多手段，而这些手段往往又不是现成的，它们需要人们去创造，手段一旦需要人们去创造，它本身就具有了目的性。从这个意义说，当前只有重构改革的意义感，才能有效克服社会“长波循环”的再发生。

同时，我们也要正视青年群体发展进程中的不确定性和非均衡性。所谓“不确定性”主要指青年实际长成过程中的各种可能性、可变性和偶发因素的作用；所谓“非均衡性”是指青年在我国农业、工业、知识经济共时态存在背景中的不均衡发展。由于青年特有的年龄阶段生理特点，相比于中年和老年，青年人血气方刚，易冲动、情绪化、行为偏激等在所难免。当前，我们更需一种深层的爱国主义情感，一种居安思危、理性务实的精神。青年一代应多考虑如何从前辈手中接过改革开放四十年的心血成果，如何带动整个国家以年轻的姿态迈好实现现代化的每一步，如何以自己的青春和智慧“反哺”社会和谐进步。新世纪一代青年，他们的逻辑起点，他们的视野和所接受的信息量，远远胜过上他们的父辈、兄辈。因此，对当代青年引导与评价要有全新的理念和方法。最重要的是我们不能再把青年仅视作被教育的对象，而应充分肯定青年的历史作用。同样，在指出青年身上不足、引导他们的同时，又要努力改造完善社会制度本身。

## 第四节　新时代中国青年的发展探究

改革开放40年来，我国的经济发展已经进入“新常态”，从社会领域的发展来看，“发展型社会”的特征日趋明显，对于社会成员来说，生存型问题减少，发展型问题凸显。由此可见，当前中国改革开放已经进入到规则化、程序化以及正常化过程。与此同时，伴随着“改革一代”全面进入社会，一个“青年社会”已然来临。其实，与经济社会的高速发展同步，中国青年也经历了一个从呼唤个性解放、享受世俗生活到向现代公民目标迈进与演变过程①。在这个过程中，中国青年在四十年的剧烈社会变迁中，其生存状态、思想价值以及行为趋向等都发生了重要的转变，并由此成为学术研究的焦点。青年作为一种社会承前启后、富有生命力和创造力的代群，是未来社会的主干。正如习近平总书记所指出的："青年是祖国的未来、民族的希望，也是我们党的未来和希望。"青年一代是推动社会进步、实现"两个一百年"奋斗目标和中华民族伟大复兴的中国梦的重要力量，只有赢得青年，才能够赢得未来。由此，要能够全面落实"四个全面"的战略布局、实现"两个一百年"的宏伟蓝图，就有必要了解中国青年在近四十年来的发展状况及其内在规律的基础上，进一步把握未来中国青年的发展趋势并由此优化和提升党的青年工作的能级和水平。

正基于此，本书以改革开放 40 年来青年发展作为研究切入点，在分析了青年发展对于实现"中国梦"的重要意义的基础上，进一步分析了 40 年间我国青年群体在代际特征、就业、时尚与文化、青年与网络的互动、参与以及青年价值观等各个方面的发展与现实状况，并提出了有针对性的改进建议。在研究方法上，本书综合运用观念史分析和长时段（long-term）理论分析方法，突破了传统观念变迁研究对某一具体事件影响作用的关注，将时间维度与功能维度相结合，关注事件序列的影响作用；同时，将青年发展置于新时代我国经济社会发展的宏大历史场景下，在关注整体性结构的同时，全面挖掘内部变化机制。在此基础上，结合青年群体面临的现实问题与挑战，以及党和政府的相关政策精神，将微

① 谢昌逵：《改革开放 30 年与青年的成长》，《当代青年研究》2009 年第 4 期。

观与宏观、主动适应与被动转换、社会管理与社会控制、正向行为与负向行为之间的互动过程作为新的社会政策方向，使本书所提出的对策建设更具操作性和实用性。

在阐明青年在实现中华民族伟大复兴的“中国梦”的进程中所发挥着积极作用的基础上，本书在展现新世代青年在各个方面发展变迁的现实状况的基础上，也对各个领域存在着的现实问题进行较为深入的分析：在青年新世代的成长及特征方面，“80后”、“90后”青年是在市场经济中长大的，他们在摆脱旧体制束缚、获得更大自由发展空间的同时，也失去了各种如铁饭碗、福利房的保障与安乐，要承受谋生就业的更大的风险与压力。因此，他们视野更广阔，思维更活跃，信息更丰富，生活更多彩。在青年就业方面，改革开放40年来，经历了从问题解决到优化结构的转变，从改革开放之初的计划分配、不能自由流动的封闭状态，逐步转向市场经济下的自由流动以及择业选择的务实与多样化；在这个快速的转型过程中，大学生、青年农民工以及青年白领等主要群体在就业渠道、就业质量方面都存在着一定的困境，如就业压力大、在业待遇相对不高等。在青年文化与时尚方面，40年来青年文化与时尚发生了剧烈的转变，从原先计划经济体制下集体化程度高，而走向了市场经济条件下的个性化、消费性的文化状态，他们更加讲求自身消费质量与总体生活质量的改善，生活方式走向休闲与独特，“酷”与“靠”，追求独特的同时，表现出的是力图摆脱一切意识形态设置的思想藩篱，但同时又陷入了消费社会的文化藩篱，使得青年以更加宽容的意志来对待生活，也容易与现实妥协与淡漠。在青年与网络的关系方面，网络渗入日常生活中，在满足青少年的心理需求的同时，又扩展了交往空间，增强了青少年对社会的归属感，并为青少年成才提供便利条件；但与此同时，网络伦理、网络对青少年人格尤其是网络成瘾、网络色情及越轨行为等方面又对青年产生了消极影响，网络作为一柄双刃剑，在青年成长过程中需要引起关注。在青年参与方面，40 年来青年的参与正在从改革开放之初的较为狂热、非理性、非程序化转向了更多自主性、理性和多样化的政治与社会参与，尤其是近年来呈现出的新社会运动性质的集体行动，尤其值得关注并加以应对。在青年婚恋方面，40 年来，正在从传统封闭走向多元开放，但是在市场经济条件下，自主性婚恋日益成为主流，但对于经济利益的无限追逐欲，也使得他们的需求趋向单一和平庸。这种单一和平庸势必导致青年婚恋生活的枯燥和乏味，引起性与爱、爱与义务的分离。在青年心理健康方面，青少年心理健康问题近几年又有上升的趋势，突出表现为人际关系、情绪稳定性和学习适应方面的问题。中国经济和社会的迅速发展促进了青少年体质健康的改善，然而，心理障碍患病率却呈上升趋势。在青年价值观方面，在改革开放历程中，青年人生价值观的发展变化从起初的复苏与困惑阶段，转到价值观的冲突与分化阶段，再到近年来的价值观的重建与发展阶段，总体呈现出主体意识增强、主流文化多样发展以及世界趋同性与不均衡性等特征，如何进一步引导和培育青年的社会主义核心价值观，是今后应着力推进的工作。

展望“两个一百年目标”与中华伟大复兴“中国梦”的实现，必须要将青年发展纳入国家发展战略之中，要使得青年成为推进“中国梦”的助力，要加大对青年的投资、实施积极的青年社会福利政策、保证青年参与社会公共事务权利以及加快公平正义社会建设，为青年提供价值观示范，等等。同时，要注重问题入手，强化问题意识，特别要注重对重大现实问题研究，加强对重大现实青年问题研究的跨学科综合研究；必须深入研究青年代群价值取向变化及未来影响，加强对青年重大现实问题、重大社会政策的研究；应加强学术交流和青年研究队伍建设，积极推动中国青年研究发展，构建与时代发展要求相一致的青年发展战略、青年社会政策。

# 第二章　与改革同步：新新青年的成长与变化趋势

青年文化代表着某种价值观，其价值观与行为方式一般有别于主文化。青年亚文化作为青年价值观的文化定位，一方面由于它在整个文化系统中经常表现出自己鲜明个性而引人注目；另一方面由于青年人是未来社会的主干，其所代表的次文化经常作为测知未来文化变化的重要指标。因此，青年亚文化是代表着一群生理心理已臻于成熟阶段、在经济上或社会上尚未取得完全独立的青年人的心态与行为特点。改革开放四十年来，我国青年的发展，也正经历了这一代际更替，从其成长与变化的趋势看，则呈现出与以往不同的特征。

## 第一节　青年新世代：优势与不足

### 一、青年新世代：跨世纪的新青年

每一代人都有自己的价值系统和人生定位。从政治代际理论来划分，我们人民共和国曾有六代人一起生活过。他们是：出生于20世纪前20年的第一代青年，他们是“共和国的缔造者”；出生在三四十年代的第二代青年，他们属“迎接解放的一代”；出生在50年代的第三代青年，他们是在“文化大革命”开始进入青春期，被称为是“红卫兵”的一代；第四代青年，出生在六七十年代，80年代开始进入青春期，被称为“改革开放初期成长的一代”；第五代青年，出生在七八十年代，90年代中后期开始进入青春期，被称为“新新人类”；第六代青年，出生于90—00年代，2000年后进入青春期，他们是真正跨世纪的一代。

从社会学代理论观点来观察，一个独生子女的时代已经到来。很多人可能到现在也没有在心理上准备好与整整一代独生子女共事，但是，第五代青年已经推门而进。城里的孩子基本都是独生子女，这些在中国历史上从未有过的新一代（在世界范围可能也找不到先例），他们对兄弟姐妹这些词汇只有语义上的了解，他们在家庭中居中心地位，他们长大了，他们肯定与下一代、上两代人有不一样的地方。自从1980年中国普遍提倡一对夫妇只生一个孩子以来，独生子女家庭的比例越来越高。任何时代都有独生子女，但是在城市中整整一代人与下一代基本上是独生子女，这无论如何是我们必须刮目相看的新情况。

“80后”、“90后”青年是一个新族群，没有统一的豪言壮语，没有标语口号，只有各自喜好的发型，五花八门的服饰和不加掩饰的神情。第五代，不再追求螺丝钉的价值，却要把自己的大脑变成电脑，将新知识不断“录入”。对新生代，由于第五代是生长在一个越来越开放、自由的经济社会里，他们的生活方式、思想观念、道德标准、美学趣味、价值追求、时空观念，都与前几代人不同。所以，你不能用旧尺度来量度他们的行为规矩，不能用旧眼光看待他们的生活方式。

总体上说，“80后”的青年世代没有父辈那么强烈地进入社会主流的欲望，但紧紧追逐时尚潮流。他们很愿意与众不同引人注目，却并不介意一种边缘状态，从宏观上来说，他们不喜欢忧国忧民，他们成长在一个社会加速发展的时代，基本上没有经历过危机和灾难，所以，不喜欢把一些局部的毛病理解为全局性的问题。他们对社会看法十分积极，对时代的估计远比老一辈乐观。而在具体的工作中，他们通常不会有太强的权力欲，他们绝大多数人愿意成为工具型人才，他们愿意在一些具体的岗位上做一些具体的工作，他们喜欢简单的人际关系。

## 二、青年新世代：高度分化与复杂化

青年新世代在世纪之交登上历史舞台，他们是“被计划出生的一代”、“现代化门槛上的一代”。市场经济的强劲发轫、互联网的迅速普及、非公有制经济的大发展、中国加入WTO、计划生育政策、高等教育急速实现大众化，使这一代青年的人生面临着十分独特的矛盾。由于身处大变革时代，使得这些新世代也受到经济社会变动的影响，而呈现出高度分化与复杂化的态势。

随着我国改革开放的不断深入和经济社会结构的深层次调整，当代青年拥有了前所未有的选择空间，激发了广大青年对自我价值和主体利益的追求，从而引发了大规模地域和职业的流动。这种流动导致了青年分布状况的改变和青年群体的日益分化，形成了与经济成分和社会生活方式多样化相适应的诸多新兴青年群体，比如“蚁族”青年、“工蜂”青年、“洄游”青年、签约作家、网络意见领袖、独立演员歌手等。这种青年群体的快速分化，使得青年新世代在社会地位、生活方式、价值观念等方面存在着显著的差异。

从现实来看，如果说“80后”青年内部还因社会不发达而不能主动选择，只能接受具有相似性的资源供给，形成部分群体性认同与共识。“90后”青年内部从一开始就在资源多元化自主选择的基础上解构了群体共识，其生活方式、消费模式、价值取向、文化圈子、身份认同等多领域都表现出高度的差异化、层次化。其内部高度分化还表现为城乡之间、不同地域之间、东中西不同发展层次之间、接受教育程度和水平之间等层次上的差异。青年新世代的地域化、阶层分化日趋严重，流动也因此变得困难起来。就业竞争加剧，巨大的生存压力使得无法从父辈处获得资源的他们成为城市边缘的“蜗居”、“蚁族”一代。为了生存，他们不得不放弃理想甚至尊严在城市中疲于奔命、艰辛挣扎。社会资源分布的失衡让“90后”青年阶层分化、阶层固化趋势明显，通过自我奋斗获得成功的空间被严重挤压。社会分层会导致青年个体的很多行为发生变化，需要根据不同层次、不同群体青年的特点选择工作切入点，重视不同群体青年的差异化服务。①

## 三、青年新世代：优点与缺陷

“80后”、“90后”成长于改革开放的壮阔时代，其生活经历与价值

① 樊泽民：《价值多元时代的当代青年研究》，《党政干部学刊》2015年第9期。

理念也必然受到这一历史进程的影响，而呈现出与以往青年群体不同的特征。具体来说，青年新世代的主要优点有：

（1）接受新事物的意识和能力非常强，思维独立、具有批判精神。如在了解和使用电脑和各种新器物方面，相当多的青年人起了对成人的促进、帮助甚至指导作用。他们对事物有自己的理解途径，评判事物的标准往往不同于成年人，而且还会想方设法让成年人接受他们的评价标准。

（2）有较强的平等意识、法律意识和自我保护意识。青年人要求自己的人格能够得到尊重，要求老师平等待人，要求和家长平等相处，平等意识已渗入大多数青年人的心灵。在现代社会，青年人不仅了解了许多法律知识和法律程序，而且还懂得用法律维护个人利益，他们经常向成年人申明他们应该享有的权利。

（3）热心社会活动，有较强的公民意识。青年人在参加社会活动上，往往比成年人热心，他们常常带动家长参加一些社会公益事业。比成年人更容易接受环保意识。80％青年人有较强的环保意识。

（4）相信事实，做事认真，有原则。青年新世代在作出某种价值判断时，往往是以他们耳濡目染的事实做根据，大道理不太能打动他们。青年新世代做事认真的态度有时令长辈感动。学校组织中学生上街维持交通秩序，学生不管什么人，只要是不对，都敢于上前纠正，一点面子都不讲。青年人遇事很少息事宁人，他们敢于说出自己的想法，如果认为自己有理还会坚持到底。

（5）积极的休闲态度。兴趣爱好广泛。在闲暇时间内，青年新世代选择了多种休闲方式，他们更能接受那些灵活多样的游戏规则。现在的中小学生很多人都具有某种特长。许多青少年都具有钢琴、围棋、摄影、绘画、外语、电脑等特长的等级证书。

1997年“城市独生子女人格发展与教育”大型调查结果则显示，青年新世代具有五大优点和四大弱点。其优点表现为：（1）他们表现出的积极因素是与市场经济的价值取向相一致的。与有兄弟姐妹的上一代相比，他们显得更为独立、聪明和自信。他们重视友谊，富于同情心。60%青少年喜欢结交朋友、愿与朋友合作；84%的人喜欢帮助不幸的人，为人慷慨；60%的人办事能够坚持到底；（2）具有自信心。71%的人能够很好地接纳自己，对今后充满希望；（3）具有良好的社会道德素质。半数以上的孩子认同孝敬父母、尊重他人、文明礼貌、团结、助人为乐、诚实、爱护公物、遵守纪律等品质；（4）自我提高的需求较高。约66%的青少年的学习动机是“为国家作贡献”、“为将来开创一番事业创造条件”、“很好地发展自己”；但占第一位的选择是“报答父母的爱”，可见这种学习很大程度上是被动的；（5）具有广泛的兴趣爱好。在19种兴趣爱好中，每个青少年平均选择了9.6个；前十位的依次是数学、外语、体育、科技、动植物、环境保护、影视表演、唱歌、计算机、新闻。然而，不难看到，其中不少其实是学科课程，很难说是真正的个人兴趣。

但与此同时，新世代青年也存在着明显的缺陷：（1）较多青少年的成就期望不高，但具有较强的攻击性倾向。人格需要量表中成就需要的得分，高分组的仅为12.8%，低分组的占32.5%，其余在中等分组。与他们的家长的期望差距极大。大多数新青年群体显示出了较强烈的攻击性，喜欢公开批评他人、喜欢报复、易发怒等；（2）部分独生子女在自我接纳上存在障碍。38.7%的人完全不满意自己的学习状况；15%左右的青年不满意自己的健康、性格、相貌和外形；11%的孩子感到自卑，独生子女最具代表性的感情体验是孤独；（3）在创造性、独立性、勤劳勤俭方面存在一定缺陷。31％的人“学习不够努力”，20.4％的人缺乏生活自理能力，28％的人很少帮助家里干活，34.3％的人自述胆小，等等；（4）学习需要中认知需求较低。大约只有三成的孩子能“经常感到学习的快乐”、“总想弄懂不明白的问题”、喜欢所学的科目；多数孩子对学习本身不感兴趣，也感受不到快乐。22.3％的人感到学习有很大压力，49％的青少年感到一定程度的压力。①

## 第二节　青年新世代的价值变化趋势

根据全球青年价值观变化趋势和中国改革开放、社会发展的目标，中国青年新世代的价值观未来发展将呈现出如下走势：

### 一、“后物质主义”价值取向

美国学者艾布拉姆森与英格尔哈特认为：由工业化发达国家所创造的经济力量会逐渐转变面向大众的价值目标。在这个过程中，对经济保障的强调会逐渐减弱，而归属、自我尊重和个体自我实现的需要会变得愈益重要。虽然此时个体仍关注社会经济政治上安全保障的价值，但他

① 中国城市独生子女人格发展课题组，《中国城市独生子女人格发展现状研究报告（摘要）》，《青年研究》1997年第6期。

们显然增强了对自由、自我表达、提高生活质量方面的要求。经济和安全的需要，也就是所谓“物质主义”的价值目标仍然存在，但它们将不再占绝对优势，因为成长中的一代对“后物质主义”（自我实现、提高生活质量）有了更强烈的偏好。①

90年代初世界价值观调查证实了经济保障对后物质主义价值观有建设性作用；此次价值观调查覆盖全球40个国家，包括欧洲政体的8个成员国；葡萄牙、西班牙、北爱尔兰等5个非欧洲政治同盟国；以及美国、加拿大、日本、南朝鲜、印度、尼日利亚、前苏联和中华人民共和国、阿根廷、巴西、智利、墨西哥等。在每个国家，被调查样本要回答：对您的国家来说，下列目标中的哪几个在未来10年内是最重要的？这些可供选择的目标有三组：即用以测试“物质主义”价值取向的一组，用以测试“后物质主义”价值取向的一组，用以测试“中立价值”（审美价值）的一组，选项有：（1）用以测试后物质主义的一组：工作中更多的发言权；少专制的社会；理想比金钱重要；政府事务中更多发言权；言论自由。（2）用以测试物质主义的一组：与涨价作斗争；加强国防力量；经济增长；保持经济稳定；与犯罪作斗争；保持社会有序。（3）用以测试中性价值的一组：使城市更美丽等。

调查表明：这40个国家调查样本的答案存在着一种颇有意味的结构组成，而且更有意义的是，这种结构在如此大的范围内大致相似，即人们对后物质主义项目有着类似的热情。在大多数国家里调查发现：至少

① Paul R.Abramson and Ronald Inglehart, *Value Change in Global Perspective: A comprehensive examination of global attitude changes*, University of Michigan Press, 1995.

有一半人倾向后物质主义，在这12个因素中诸因素凝结成的后物质主义或物质主义的维度因各国经济发展程度而改变。后物质主义结构更紧密的是那些经济更为富裕的国家。英格尔哈特通过这样的世界价值观调查提出：虽然“后物质主义”（postmaterialist）这个观念源于对发达工业国家的研究结果（近20年欧洲8国价值观变化追踪调查），但从总体趋势上看，即使将物价、失业率与政治动荡因素考虑进去，年轻一代的后物质主义取向还是明显的，就长期价值观变迁来讲，“后物质主义”（自我实现、提高生活质量、言论自由等）偏好的形成与“代际更替”（generational replacement）有关：年轻一代比老一代更容易接受后物质主义价值观。①世界范围内的后物质主义取向及它未来的缓慢进展折射到当代中国青年身上，尤其是主体价值定位方面，有很大可能在未来的中国青年新世代身上表现出来。

事实上，“后物质主义”偏好作为一种基本的价值导向，在90年代中国已初露端倪。据上海团市委1995年的相关调查：在涉及个体本位项目的多项选择中，上海青年“追求合乎自己兴趣的生活”所占比重最大，达44.5%，这个结果与世界青年意识调查结果相一致。虽然每个国家青年合乎自己兴趣的生活内涵不一，但在崇尚个人本位、强调个人价值、做自己想做的事方面是一致的。该调查中涉及对“成功的看法”一项中显示：当代青年渴望成功，但他们对成功者的价值判断呈现多元化，不过，相对而言，“命运由自己主宰”、“个性洒脱”的看法占据前位，而名

① 罗纳德·英格尔哈特：《现代化与后现代化：43个国家的文化、经济与政治变迁》，严挺译，社会科学文献出版社2013年版。

望意识较为淡薄，仍以个人本位为主。关于金钱，上海青年在“崇尚金钱，而又不崇拜金钱”上已达共识。有致富观念，但又不再是过分强化个人本位，忽视社会规范意义上的致富，价值取向基本走向理性成熟。

20 世纪 90 年代中期，华南沿海地区的一项调查也显示：青年学生不再盲目依赖学校与老师，他们有自己独特的看法，但同时又基本认同并遵守校规，尊师重道，表现出对具有现代化特色教育环境的适应。前述上海团市委调查显示：由于青年经济收入的不断增加，他们不再愿意像原来完全依赖父母那样的家庭模式生活，更向往自主独立。消费也开始指向满足自身兴趣、爱好及各类社交娱乐方面，精神文化的高层次需求增加了。他们婚后也更乐意搬出去独自生活，但按自己的愿望生活并没有以对抗社会的激烈方式出现，青年仍对父母和社会存在不同程度的依赖。

## 二、青年文化对社会“反哺”趋势增强

从青年亚文化对主流的渗透与价值扩张的角度来看，则青年亚文化的反哺功能，“社会年轻化”趋势将日益显现出来。从服饰时尚到流行歌曲、从对明星的追逐到闲暇生活、从职业岗位到社会地位的影响力，青年亚文化将反过来影响整个社会主流文化的丰富、深化与发展。“市场经济也是青年经济”、“一个青年本位文化的时代已经到来”，这些看法都在说明社会年轻化趋势和青年文化对社会的反哺功能。

20 世纪 90 年代中国在文化上发生的一个重大的转型是，由老年本位文化向青年文化转型。老年本位文化是一种伦理型文化，青年文化则是

一种身体型文化；青年本位文化是一种个体文化，重视个体的自我价值实践、自我独立；青年文化是一种充分开放的文化。一个发展型的、开放的社会的标志就是整个社会应以创造、自由、开放为主导性的心态，而这个心态是青年本位文化所独有的。建立社会主义市场经济体制并使之进一步完善是我国市场化改革的最终目标，也是我们这一代青年的共同理想，青年与市场已经有着难以割舍的天然缘分，从一定意义上讲市场经济也是青年经济。换句话说未来的主导的社会经济生活状态必然走向年轻化。市场经济要求不断创新，而青年天然地拒绝保守追求创新。

有人研究了世界上2 000多位名人创造首次成果的年龄分布，发现20—30岁的青年期最为集中。丰富情感和想象力，充满热情与旺盛的精力使青年易成为最富于创新的群体，而创新恰恰是发展市场经济必需的。习近平总书记指出，科技是国家强盛之基，创新是民族进步之魂。市场经济要求有成千上万个有独立意识和自主决策自负盈亏的市场经济主体，而青年的主体意识较强，在行为过程中追求自我支配自主决策，在生活中追求自立，在精神上追求自我价值的实现，这些都与市场经济的主体要求相一致；市场经济不唯书不唯上，一切以效率为中心，青年人感觉灵敏、行动敏捷、朝气蓬勃，在身体素质与思想素质上都与市场经济所要求的快节奏、高效率的行为方式相适应；随着市场经济深入发展，要求有高度科技文化水平和足够智力支持与它需要有大批知识化、专业化的高素质人才来建设。青年人智力水平不断提高，记忆力强，善于创造、学习接受和运用新知识、新技术。由于市场经济条件下的新知识新信息技术更新速度可呈几何级数增长，人类正在进入一个由年轻人向中老年人传统知识和信息的反哺时代。市场经济发展所要的先进理论和科技知识的创造与传接，总是最先在青年中进行或得到最快最广泛的响应。面对社会多方位的变革，青年的机会成本较低，他们将成为参与支持和拥护改革的最积极的社会力量。从实践上看，在我国经济发展较快、社会主义市场经济体制基本确立的地区青年实际上发挥着主力骨干的作用。“年轻化”将成为未来社会的发展趋势。①

作为影响当今世界发展的大趋势之一，知识经济已经在我们当代蓬勃兴起。知识经济是“以知识为基础的经济”，以现代科学技术为核心，它是建立在知识和信息的生产、传播、使用和消费之上的经济。知识经济的繁荣不是直接取决于资源、资本，硬件技术的质量、规模与数量，而是直接依赖于知识或有效信息的积累和利用，在知识经济时代，科学技术起核心作用，人才的年轻化将举足轻重。这里的年轻化还不仅仅是一个年龄概念，更是一个观念、素质和风格的概念。

市场经济属于青年、依靠年轻化的风格，我国青年必将越来越认识到自身在社会经济环境中的地位、价值和作用，自尊、自强、自信、自立，抓住机遇迎接挑战，无愧于与市场经济的这份缘，无愧于自己的时代。

“年轻化”是世界性的一种姿态。以往西方公司在给员工升职时重视的是资历而不是年轻与否。现在，日益增加的全球竞争压力迫使保守的欧洲公司为保持公司的活力而提拔年轻人。随着更多的年轻人担任高级管理人员，欧洲公司正在发生深刻的变化。雄心勃勃的年轻人如果在一家公司挣不到满意的薪水，他们会跳槽到另一家重用他们的公司。在45

① 孙嘉明：《全球化进程与上海青年》，《当代青年研究》1996年第4期。

岁之前得到公司最高职位的这批年轻管理人员，将有充裕的时间对欧洲公司产生持久的影响。

对中国来讲，现代化建设是一个伟大而艰巨的历史过程，跨入新世纪，改革、发展仍将是中国现代化的主题，人才、创新成为一个国家和民族发展振兴的不竭动力。此时，头脑的年轻化、建设队伍的年轻化、领导干部的年轻化、教育和创新体系的年轻化都将成为头等大事。如何从前辈手中接过改革开放多年的心血成果，如何带动整个国家以年轻的姿态迈好实现现代化的每一步等一系列重大问题都与青年不可分割地联系在一起。中国未来的年轻一代将以自己的青春和智慧，快速更新的价值观念反过来哺育现代化的成长。

## 三、当代青年价值观分化和趋同趋势

未来青年价值观一方面将延续多元化、分化的丰富性，另一方面又呈现综合、回归和趋同态势。每一个特定的年代造就了存身于其中的人的活法。每一个特定年代所依赖的文化背景及经济状态，决定着这一年代人的思维方式、价值观念和行为模式。70 年代前，人们信奉的是“官本位”，以入党做官为人生最大的支点；80 年代，改革开放之风荡漾着人们的传统思维，各种热潮不断涌现，条条大路通罗马，青年人的价值追求日益丰富；90 年代，市场经济体制的建立更拓展了人们的生活空间和思维视界，年轻人的生活方式与生活质量随着物质生活水平的提高呈多元化态势。

价值观的多元化与主体的多维分层紧密相关。因为价值观是一个主体性的概念。不同主体的不同需要和同一主体不同侧面的需要使价值观念呈现多元丰富的特征。就目前来说，青年主体分层的事实已启示我们：未来青年群体更不可能是“铁板一块”，主体分化将更加明显。

多元化是新时代价值观念的一个特点。青年新世代群体分层多元态势的价值取向最外在的标志或许可以在他们的时尚服饰中体现出来，流行时尚会不经意透露出时代的秘密。个性多元发展是未来流行大势中自然的选择。在一个多元化时代每个人尽可以按自己的理解与价值追求来表达生活、演绎生命，我们因此而能欣赏到多样化的色彩，听到多样化的声音。不仅青年群体主体的分层使未来青年价值观走向多元化，而且同一分层群体内部的分化现象也导致这种趋势的发展。

不难预见，大学生群体、青年农民群体、青年企业家群体、青年知识分子群体都会在政治经济文化背景催生下发生更具体入微的多元文化现象。如“三资”青年中“白领阶层”，追求事业上敬业、锐意进取，在消费上适度超前、张扬个性，注重身份，讲究情调，在家庭生活上生育愿望趋淡，婚恋观念有变，在文化上港台歌曲难继威风，高雅艺术市场大增。在教育上重视知识价值，在政治上痛恨腐败现象。①

将来无论从事什么工作，无论存身于怎样的工作生活环境，做“双料人才”（集专业技术知识和管理技术知识于一身），做“通才”（generalists）理应成为未来青年共同的价值追求。升学、职业观上未来青年一般会更趋于现代市场经济提出的要求，在这一点上显然是可以统一起来

① 徐锦泉、李智刚：《一项关于“白领现象”的公众调查》，《当代青年研究》1995 年第 3 期。

的。由此未来青年也会注意寻求自我与社会的统一协调。这是所谓回归、趋同的基础。

未来青年价值观多元分化基础上的回归、趋同的一个重要原因在于社会主义市场经济体制的逐步建成，在由计划经济向市场经济转轨的历史过程中，新旧观念曾发生激烈冲突，青年价值观多元分化现象比较突出。90年代末到21世纪，市场经济体制将逐步建成并得到进一步完善，各方面法制法规也将随之完善，各项社会规范也会进一步稳定与有效，发展创新将成为主导的价值取向。这样的社会氛围会促使青年对整个社会的价值追求有基本的认同。

而世界一体化时代的到来，使得发展中国家和发达国家共同面临类似的重要问题，比如：如何将人与自然环境的关系纳入到人与人的价值关系的总体图景中。使环境伦理得到合理定位；如何处理保护与发展的关系、区域发展战略与全球性发展部署的关系；如何理解文化差异性与共同价值、如何处理民族性与世界性的关系。共同关注的焦点的存在将导致全球青年的主体间价值目标的相对靠近。

西蒙·艾里甘特和迈格特·科恩调查发现，与前几代亚洲人相比，他们无疑拥有更多抗争的自由、更多钱、更多自由时间，生活的年代也远较以前开放。但青年价值观有一个惊人的相似性即对家庭工作在生活中重要性的体认。反抗叛逆只是象征，年轻人都要经历这样一个阶段。对许多研究人员来讲，亚洲当代青年人的一个典型特征就在于能轻而易举地将波及全球的消费主义与对家庭和社会的忠诚结合在一起。那么是什么让青年人对极为保守的传统观念反而存在回归倾向？作者认为部分答案在于社会中最强大的凝聚力——民族主义。或许与本国饭菜相比，年轻人更喜欢麦当劳与肯德基或更爱收看西方年轻人也爱看的节目。但在内心深处，他们将依从父母和社会中继承下来的传统观念。[①]未来青年价值目标取向将在以下几方面趋同：

（1）政治观、经济观上的现实性与理智化。“90后”青年在政治观上将走出70年代青年学生的政治盲从与狂热，也将汲取80年代超越现实的“学潮”教训，表现出进行冷静思索的特点，有一部分也可能由五六十年代鲜明的政治立场变为中立、客观甚至走向超脱。他们的社会参与方式也将逐步走向自主和多元。追求社会公正与社会秩序将成为现实性的政治参与的价值目标。不再对经济制度持怀疑、否定态度。在经济领域内求得自我实现并保障自身的经济利益将成为指导大多数青年和行为选择的价值观念。当然矛盾冲突并非销声匿迹，一方面伴随经济政治体制改革深化，年轻一代中将生长出一种尊重法制讲究理性，遵从秩序和规则的政治文化。他们比前几代青年更注重环境保护。

从90年代美国青年对社会政治的看法来分析，现实性与理智化倾向也将存在。据罗珀调查表明：72％的青年人和82％的成年人认为美国仍是世界上生活最富裕的国家。CIRP/ACE（Consumer Intelligence Research Partners/American Council on Education）调查发现，71％—84％的青年希望政府在控制枪支泛滥、保护环境、保护消费者利益、制定全国医疗卫生计划方面发挥更大作用。

（2）主体价值选择上自我实现与服务社会趋于整合。随着中国独生

① 西蒙·艾里甘特、迈格特·科恩：《当代亚洲青年的传统价值还能挺多久》，《中国青年》1997年第5期。

子女一代青年开始成熟，伴之于市场经济所带来的竞争与流动的社会结构，追求自我价值实现的观念在90年代已基本定形，在未来这种观念会进一步深入。随着青年社会化程度进一步加强，他们对中国改革开放和社会发展进行的思考将更为实际，大多数人将努力使自己的选择，使自我价值实现与社会规范要求不发生正面冲突，逐步走自我实现服务社会相统一的明智之路，也就是说既不是完全为社会作贡献来考虑自我的价值取向也不是完全脱离市场的需要，以绝对自我导向来衡量自我价值。这种取向可在择业观、婚恋观、知识观等诸方面体现出来。这是全球青年价值观变化的一个重要趋势。

CIRP/ACE的调查显示，90年代美国青年与70年代相比，他们当别人遇到困难时，更愿意给予帮助；愿意积极参与社会事务。这批青年人将更好地处理自我与社会的关系。在18—29岁年龄段的青年中，有一半人在一年前甚至就在一个月前参加过社区的志愿工作。这表明：青年参加社区志愿工作的比例与成年人基本统一。由此可见，他们在自我与社会之间也会求平衡。

在中国，青年志愿者行动正在全国范围内展开。“希望工程”、“扶贫助困”等精神在今后的价值观建设尤其在处理个人与社会关系上会更具体地体现出来。而在欧美，青年志愿服务工作的作用也是明显的。其中包括专项性志愿服务工作（如历届西方主办的奥运会中近万名青年的志愿服务），专业性志愿服务工作（义务诊疗免费专业咨询等）；公益性志愿服务工作（环保宣传）；宗教性志愿服务工作（养老金募捐、慈善救济）；社区性志愿服务工作（老年人服务站，妇女援助中心等），这些活动在一定程度上弥合了西方个人主义的核心价值观念，体现出某种集体人道主义精神。在这一点上，中外青年价值观将趋同。

(3) 青年的教育需求越来越高。高等教育大众化已成为全球教育发展的总趋势。80 年代以来，世界适龄青年接受高等教育的入学率超过 15％的国家已有 47 个。据联合国教科文组织《世界教育报告 1993》所载，1990 年美国适龄人口大学入学率为 72.2％，加拿大为 71.2％，联邦德国为 38.1％。当前日本已接近 50％，许多发展中国家已超过或正向高等教育大众化方向努力①。而中国适龄人口的大学入学率 1998 年达到 9.07％，滞后于发达国家。据一项调查，80％的家长希望子女“上大学”和 76％学生表示自己想“上大学”。2000 年以来大学热、考研热持续升温。直到今日，2017 年我国高等教育的毛录取率已经达到了 40％，在学总规模达到了 3 647 万人，远远超过了当年教育发展的预计。其实即使像美国这样发达国家，1998 年调查发现，为适应未来社会竞争，许多青年希望接受更高的教育。

(4) 更加注重消费和生活质量的改善。未来中国青年在消费结构上向发展型迁移，水平明显提高，日益讲求自身消费质量与总体生活质量的改善，这种改变较长时间内将以物质利益为重要基础，消费求新求变的个体性和对文化生活消费追求成为明显特征。闲暇时间中更乐意关注自己感兴趣的东西。青年人交往行为一方面更趋向文明交往、讲究互帮互利原则，另一方面交往手段将更趋现代化，范围速度效率都将发生巨大变化。美国一项调查显示，大学生被问及他们的生活目标时，74％的

---

① 联合国教科文组织：《世界教育报告 1993》，中国联合国教科文组织全国委员会秘书处 1994 年，第 32—33 页。

人表示他们非常关心改善经济状况；65%的人希望能成为他们所学领域的专家学者；43%的人希望完善自己的人生观。当然随着社会竞争，青年心理问题和社会失范现象也会加剧。

## 第三节　向青年人学习但不放弃社会引导

从世代传递的角度看，一代总要胜过一代。一代人有一代人的文化，但离开了上一代的文化传递，就会出现文化断层，就会造成一代人甚至几代人文化上的失教。同样，在一个价值多元化的社会中，如果没有一个被大家所认同的主导文化或核心价值，那这个社会将是“一盘散沙”。因此，在向青年人学习的同时，学校、社会不能放弃对青少年的正确引导。

青年新世代身上确实有许多值得成人学习的地方。我们确实不能再用以往的框子去套现在的青少年，用自己“想当然”的好心去“引导”和“教育”他们。为此，我们应深入下去，去接触、去倾听、去理解、去掌握他们的“话语”和“秘密”。去认识这一代青少年特征、优势和不足，同时，也要了解他们在求学、求职、生活等方面的烦恼和困难，用他们理解和可接受的方式，给予必要的指导和帮助，这是成人社会应尽的责任。

### 一、教育要坚持主体价值、主流价值和主导价值的统一

有学者提出，我们已进入巴赫式的“复调”（或曰杂语）时代，一个

百家争鸣的时代，一个多种文化并存、互争的时代。[①]在当前，笔者认为青年价值观教育中要把握好“主体价值”、“主流价值”、“主导价值”这三者的区别与联系。所谓“主体价值”即青年所追求的比较前卫的个体价值；所谓“主流价值”即能被社会绝大多数群众接受，并能影响未来实际走向的社会价值；所谓“主导价值”则是主导意识形态文化提倡的规范价值。当代青年处在社会急剧变化的时代，处在从计划经济体制向市场经济体制全面转轨的时期。过去，我国在经济上只允许计划经济体制下高度集中的公有制的存在，因而在价值观上只奉行一种大一统的“主导价值”。改革开放以后，我国经济体制发生了根本的变化，多种经济成分均允许存在，由此必然会产生与多种所有制并存相适应的多元化，多层次的价值观，并对青年产生影响作用。

从发生学的意义上分析，价值观形成要有两个前提条件：需要和自我意识。需要是形成价值观的客观前提。不同的主体，需要不同，价值观也不同。青年需要的多层次性，决定了他们价值观的多层次性；青年需要的社会历史性，决定了他们价值观的社会历史性。所以，价值观是青年主体需要与期望的综合。青年期是价值观形成的探索时期，他们的思想行为是不稳定、开放的。随着年龄的增长，青年的价值观才会稳定下来，才会在一个较长时期内发挥其稳定的导向和动力作用。但这种价值观的最终形成是要经过一段时间激烈的思想冲突、反复的实践、比较、检验，才能最终完成。因此，在青年价值观形成过程中，教育具有举足轻重的作用。没有一个权威的价值主导系统，社会便没有了基本规范，

① 陈晏清、荆学民：《中国社会信仰的危机与重建》，《江海学刊》1998 年第 4 期。

就会处在“无序”状态。但“主导价值”若离开“主流价值”太远，则很难形成价值教育的有效性。

有人主张，既然现实允许多元价值观存在，就应该允许多元价值导向存在；也有人主张我们是社会主义国家，只能有一元的导向，不允许多元导向存在。这两种观点都不够全面。笔者认为“主导价值”和“主体价值”应该在“主流价值”层面上获得较大的统一。

有人认为在市场经济和多元价值的社会中，应该让青年自己去选择，不必要规定青年该做什么不该做什么，这显然是放弃教育的功能。由于青年处在价值观形成时期，他们的经验与阅历使得他们面对纷繁复杂的社会现实，面对多元的经济体制，多元的价值观念，多元的榜样，多元的信息难以选择。因此，学校、家庭和整个社会应当承担对青年正确引导的责任。但这种教育在传媒发达的网络时代中，其形式内容、方法手段上都应该全面革新。

## 二、承认物质价值，引导精神追求

计划经济向市场经济转变，从根本上改革了传统价值观念的基础。在市场经济条件下，个人利益被充分肯定和承认，这就必然导致人们对自我负责的价值观的广泛流行，也必然导致原有的一些不能适应现实生活的价值观念被淘汰或改造。在市场经济条件下，人们价值取向中，出现了重经济而轻政治、重物质而轻精神、重实惠而轻道德、重个性而轻共性等一系列变化。人们对集体主义和对个人主义的理解也远比过去复杂得多，由于个人主体意识的发展，青年不再把个人看作是社会的零部件，而是要求切切实实地成为主体。社会要求个人，个人也同样要求社会。社会要求个人多为国家作贡献，个人也要求社会做到公正、公平与合理。

任何一种社会历史形式都具有双重性，作为市场经济条件下形成的人对物的依赖关系也不例外。一方面它从物质经济关系上促成了人的自主与独立，为人们的能力发展和价值实现提供了比较广阔的自由空间；一方面它又容易诱发人们对物的崇拜，形成物对人的奴役与主宰，使人有被物化的危险。因此，当前价值观教育要解决的难点是：在承认个人追求物质价值的同时，又引导青年追求高层次的精神追求；在改变计划经济体制下高度集中的模式后，又要防止市场经济下功利主义、实用主义对青年的影响。

## 三、价值教育应与社会生活接轨

应当说，任何一个社会，总是企图利用教育来向年轻一代传递、灌输一种特定的价值观念，使其能够成为该社会的一分子。但价值观教育，如果要想维持其有效性必须伴以相应的物质承当。以往我们以思想教育替代价值教育的结果，使得教育丧失了自身的价值取向，教育异化成了狭隘的、功利的政治工具。在当前，价值教育应该以利益导向来配合价值导向。[①]马克思说过："思想一旦离开利益，就必然使自己出丑"。在市

① 赵春林：《关于价值观教育的几点思考》，《阜阳师范学院学报（社会科学版）》1994年第1期。

场经济条件下，知识观、信息观、时间观、效益观、竞争观等之所以被人们广泛接受，其原因就是市场经济条件下的利益导向与上述价值导向是相一致的。所以，要教育青年树立集体主义价值观，必须配合一定的利益导向，这个问题不解决，健康的社会心态就无法形成。经济利益是人及一切活动的终极动因，经济利益影响着人类社会的一切方面，这是不以人的意志为转移的客观规律，教育是一种导向，但生活本身就是教育，就是导向。所以价值观教育如果不与社会生活接轨，不考虑社会生活的导向作用，就无法落实价值观教育的基本内容。

因此，在社会结构、经济结构、生活方式都在变化的时代里，在人们的价值取向出现多元化、多层次的现实生活面前，价值观教育如果只强调精神的价值、理想的价值，而忽视物质的价值、现实的价值；只强调价值认知，而忽视价值评价；对所有的对象只用一个标准，而忽视主体的差异性和层次性，就无法收到应有的效果。90年代的青年，他们的逻辑起点，他们的视野和所接受的信息量，远远胜过50年代到80年代的青年，所以，我们对青年的引导与评价要有全新的理念和全新的方法。最重要的是我们不能再把青年仅视作被教育的对象，而应充分肯定青年的历史作用。同样，在指出青年身上不足、引导他们的同时，我们又要努力改造社会本身，克服成人价值系统本身的知行不一现象，使“主体价值”,“主流价值”和“主导价值”这三者能逐步趋于“整合”，只有这样价值观教育才有实效。

教育在本质上是一种价值导向的工作，它总是力图选择有益于它的社会的文化，并将它传递给社会成员和下一代。尽管青年人总是试图“区别”于上一代，但事实上文化这东西是既守不住，又扔不掉的，因为历史是延续的。即便在人的多向性价值选择成为可能的现今，青年人也不可能完全抛弃传统。抛弃传统意味着最终被传统抛弃。尽管从世代传递的角度看，一代总要胜过一代，一代人有一代人的文化，但离开了上一代的文化传递，就会出现文化断层，就会造成一代人甚至几代人文化上的失教。同样，在一个价值多元化的社会中，如果没有一个被大家所认同的主导文化或核心价值，那这个社会将是“一盘散沙”。

## 四、正视青年价值观发展中的不确定性和非均衡性

所谓不确定性主要指青年实际长成过程中的各种可能性、可变性和偶发因素的作用。所谓非均衡性是指青年在我国农业、工业、知识经济共时态存在背景中的不均衡发展与不同层次的观念冲突，其中包括地区性的和同一群体内部的。

就不确定性来讲，首先考虑的是青年特有的年龄阶段的生理特点，相比于中年和老年，青年易冲动，情绪化，行为偏激等还难以避免。经过挫折和教训，他们会逐步成熟冷静起来。我们应当考虑到青年特有的心理品质。青春年少多半求新求变，青年价值观的确定性、规律性只是相对而言。多变也来自青年群体自身多样性。变中有常，常建于多变的基础上。

我们还应看到，我们的社会政治经济文化环境本身也不是超稳定结构，也要伴随世界格局作灵活调整。中国经济发展速度举世瞩目，中国政治体制改革也方兴未艾。中国文化与世界文化交流日益频繁，这些构成青年价值观朝向健康轨道发展的方向。但是与此同时我们也不能忽视

我们与发达国家的差距和由此带来的可能有的近期和远程的风险，在这些风险与威胁面前青年价值观如何发展至今还没有定数。盲目乐观总不如针对现实来得可靠。爱国主义、民族自信、个人价值实现等都要受到不同程度的考验。由此可知，从青年生理心理和整个中国社会发展变化实际情况来看，青年价值观的不确定性会持续较长时间。

非均衡性的存在也会在将来存在较长时间，各地区青年发展是不平衡的，不同青年群体在价值观上也存在很大差异。就拿大学生群体青年，农民群体与青年犯罪群体来看，不平衡的现象明显存在。对于中国来讲，特大型城市和城市中的青年已将世界性知识经济时代的到来，看成是百年机遇与千年挑战，正在主动调整自己的价值观适应时代变化与发展，但在广大农村、在中小型城市，知识经济对他们来讲还很遥远，他们还正在为生存而奋斗。因此，青年价值观的不确定与非均衡性都将持续较长一段时间。

总之，青年新世代的健康成长、发展，有赖于社会文化的合理进步与发展。社会现代化的进程必然会极大地改变青年文化成长的社会条件，造成有利于青年发展的优越的社会机制。现代文化的发展，将使青年文化对社会的进步作用体现得更加充分，青年既代表社会的未来发展，更代表着社会进步价值的现实落脚点。

# 第三章　青年就业：从解决问题到优化结构

作为社会的主要劳动力群体，就业问题是青年在人生路途上面临的重要问题。改革开放40年来，伴随着我国经济社会转型，青年就业问题也发生了剧烈的变动，无论是从就业方式还是在择业观念上都发生了巨大的转变。从整体上看，青年就业，正在从解决就业问题逐步转向优化就业结构，并由此推动了青年群体的发展与成长。与此同时，近年来，我国青年就业面临着一些现实的问题，经济增长所创造的就业岗位仍远不能满足社会需求。当前，大学毕业生就业困难、青年农民工就业不稳和青年白领就业压力已成为当前青年就业的主要问题，必须引起重视。

## 第一节　当代青年就业的发展演变

改革开放40年来，我国青年的就业发生了翻天覆地的变化，从计划经济转向市场经济，从本土视野走向全球化，当代青年的就业已经呈现出多样化的现实途径，不仅助推中国经济社会快速发展，同时也使得青年群体能够发挥自身能力，为经济发展贡献了自己的力量。在四十年的发展历程中，我国青年就业经历以下的发展历程。

## 一、从服从分配到走向自主

从1978年到20世纪80年代中期，在计划经济体制惯性的影响下，农村青年与广大农民一样还不能自由流动；城市青年中，由于高等教育仍然是一种高度集中的计划管理模式，就业实行的是“统包统分”，由国家包下来分配工作，负责到底。该阶段中国青年的择业观念比较被动和单一。主要体现在，择业倾向上比较被动，农村青年除极少数通过高考改写命运外，大多数是子承父业，集体耕种土地或承担家庭联产承包责任制的分田到户，都是以农耕为主。城镇非大学生的青年以“接班”居多，也是父业子承；接受中高等教育的知识青年，由于社会就业制度、招聘制度比较硬性和僵化，强调一切服从社会需要、服从国家分配。从青年的择业标准上，偏向政治化。农村青年由于务农的固定性基本上没有选择余地，而城市青年的择业标准主要表现在对不同职业的评价方面以政治地位和社会地位为第一因素。如1984年“中国青年的就业问题”调查结果显示，当时青年人在评价职业时看重的依次是：社会地位、社会意义、发挥个人才能和报酬。在择业意向上，当时青年重政工而轻农商。当时青年就业最看重“政治地位”和“社会地位”，在恢复高考和知青“回城”的大变动中，大学生普遍对理工科感兴趣，追求的理想职业是“科学家”和“工程师”。普通待业青年也以“上班”为第一考虑，实在没有出路的情况下，才会走向“个体户”或商业、服务业等第三产业。但是，中国已酝酿了新的社会发展阶段的人才需求，将改变众多青年人的就业观念和方式。

## 二、“民工潮”和城镇青年的双向选择

随着改革开放的进一步深入，原有的计划经济体制逐步转向社会主义市场经济体制，正是在这种体制转轨过程中，青年的就业发生了剧烈的变动。在农村，由于家庭联产承包责任制带来的大量农村剩余劳动力的释放，同时城镇对劳动力尤其是企业和建筑行业对农村劳动力的大量需求，国家的户籍制度、粮油供给制度以及就业管理制度都有所松动。之后，政府又进一步出台了一些政策和措施，允许和鼓励农村劳动力的地区交流、城乡交流和贫困地区的劳务输出，于是带来大规模农村劳动力的跨地区流动——“民工潮”，农村青年就业及其观念逐渐走向开放。

从1985年开始，我国对高等学校毕业生的就业制度分步骤、分层次地逐步进行改革；1989年提出的改革目标：在国家就业方针政策指导下，逐步实行毕业生自主择业，用人单位择优录用的“双向选择”制度。这一改革将竞争机制引入高校，使毕业生就业逐渐走向市场化。由此，青年就业的最大变化是“经济地位”成为择业时最优先考虑的因素，超过了执牛耳多年的“社会地位”和“政治地位”。如青年希望到特区和沿海地区的中外合资或“三资”企业工作，中外合资企业被置于择业考虑

的第一位；不求高学位，只求高收入，20世纪80年代后期考研人数急剧下降，1987年到1989年，全国共有700多名研究生中途退学，反映出重视收入超过重视知识的表征；第二职业和职业流动性增长，20世纪80年代中后期，青年人中开始有了“跳槽”，青年职业流动浮出水面，人才的流动逐渐活跃。择业“国营—集体—合资—独资”三级跳现象也层出不穷，这使20世纪90年代“国有企业”工人急剧萎缩，“集体企业”职工纷纷外流，“三资”企业则门庭若市；经济收入成为择业的第一标准。当时青年在择业过程中考虑的第一因素是收入和福利待遇；青年最喜欢的行业依次是：金融保险业、工业企业、国家机关、服务业、科研机构等。

## 三、自主择业与追求选择多元化

随着社会主义市场经济的发展，以及2001年我国加入WTO，青年就业的空间也日益拓展，并由此呈现出多元化的态势。就农村青年就业来看，从20世纪90年代中后期开始，农村青年可以不再将自己拴在农村的土地上，可以自由进入城镇，由此，大量农村青年开始在城市工作、生活甚至定居。随着社会的发展，农村青年在就业选择上走出了“糊口策略”，外出务工也不再以“赚钱”为第一原则，而是以“经济理性人”形象把寻求发展放在第一位；不再甘愿充当城市的“过客”，而是力争拓展自己的发展空间，想成为城市的一员。同样的，这一阶段的城镇青年的就业也走向了“自主择业”、“自谋职业”甚至自己创业。随着我国改革开放的进一步深化，特别是加入了WTO之后，中国的社会形势发生了改变：我国高校实行扩招，毕业生人数逐年递增，且又值政府机构精简，国有企业减员增效、下岗分流，就业矛盾突出，形势十分严峻。

在青年的就业取向方面，以大学生为主体的知识青年择业观发生了较大的变化：如在择业标准方面，看重发展前景、施展才干机会、薪酬福利和工作环境；在就业认识上，逐渐打破机关、事业、企业和国有、集体、个体单位之间的等级观念，“创业也是就业”成为普遍接受的观念；在择业意向上，由“重工轻商”转变为“工商并重”，往日不被看好的服务行业也成为择业的热门；在职业评价上，政治色彩更加淡化，而是向往适合自己兴趣的职业，把物质需求与精神追求结合起来；在就业地点与父母所在地的距离上，对父母和他人的依赖心理淡化，出现了“考证热”、“外语热”、“出国热”等；更为重要的是勇于创业，由被动就业向自主创业转变，青年成为“大众创新，万众创业”的助力。

从总体上看，改革开放40年来，青年就业以当时社会政策和社会需求为导向，正在逐步从解决问题转向优化结构的过程。其中展现了三方面的特征：即自主性越来越强，青年尤其是农村青年就业的主体意识逐步增强，“自主性”越来越突出，既摆脱了国家制度层面造成的社会结构性抑制，也逐步摆脱了父母这一家庭因素造成的微观层面的制约；务实的色彩日益浓厚，青年就业观念上也表现出了经济取向的强化，经济意识普遍增长。青年随着经济意识强化而更主动地投身市场经济；日趋多元的选择面，随着社会变迁与就业形势的变化，青年就业从单一越来越走向多元，这种多元不仅仅包括就业类型的多种多样，还有“非正规就业”甚至是“不就业”的选择，职业类型与就业途径日趋多样化。

## 第二节　当前青年就业面临的现实挑战

自从进入21世纪以来，全球化对中国经济社会发展的影响日益明显，青年就业也就具有了更多的全球色彩。尤其是2008年金融危机之后，由此产生的就业问题由沿海地区向中西部地区，由外向型企业向各类企业，由劳动密集型中小企业向规模以上企业，由农民工向城镇劳动力特别是高校毕业生蔓延，劳动供给数量与劳动需求数量上严重不平衡将进一步扩大。很多单位都不招人、少招人，就五百强企业高校招聘会而言，岗位减少40%，大学毕业生就业问题凸显出来。青年人失业（包括待业）占失业总数相当大比率，是我国历年存在的问题。特别是传统的就业制度被打破之后，这一问题显得尤为严峻，改革开放后的20多年基本呈上升趋势。

1978年失业青年人数为249.1万人，占城镇失业人数的47.0%，1988年245.3万人，占城镇失业人数的82.8%，与10年前相比几乎增加了一倍；1997年失业青年人占城镇失业人数的68.9%，与10年前相比虽有所下降，但仍高于1978年的水平。由于第三次生育高峰时期出生的人口开始逐步进入劳动年龄，中国劳动力资源呈持续上升趋势。“十五”期间增加5 697.23万人，即每年平均增长千余万人，2006年为1 603万人。城镇每年新增的1 000万左右劳动力中，绝大多数是青年。农村有1.5亿～2亿富余劳动力需要向非农产业转移，大多数也是青年。高等教育连续扩招，大学毕业生人数连续上升，2016、2017年大学毕业生半年后就业率为 91.6%，仍有接近 10%的大学生就业存在问题。

## 一、大学毕业生就业形势严峻

当前，全球经济虽然出现了逐渐复苏的迹象，但是全面复苏仍是一个缓慢而复杂的过程。国内经济资源在人为因素影响下，片面流向重型产业和劳动密集型产业，与大学生就业相匹配的知识型服务业则长期低迷。这种产业结构所对应的人才需求状况，就是低端岗位需求旺盛。我国很多企业处于产业链的低端，需要的只是生产工人和技术工人，所以金融危机给大学毕业生就业带来了很大压力，而且还要持续几年。

在我国，高等教育连续扩招，大学毕业生人数连续上升，据教育部的数据显示，2018 届全国普通高校毕业生预计 820 万人，就业创业工作面临复杂严峻的形势。

席卷全球的金融危机给我国实体经济带来的冲击主要集中在两个方面，一是海外市场业务的缩减，二是国内市场需求的低迷。劳动力市场上，劳动供求数量矛盾突出。不少应届大学毕业生被迫选择考研，国家也在扩大研究生的招生人数以延缓就业。大学生就业难派生出新的问题：一是大学毕业生就业困难群体已经形成。这是由于高等教育中一个重要的转变是大学毕业生就业分配制度改革，将大学毕业生推向了市场，作为一种资源，大学毕业生也要受价值规律的作用和影响，同样要通过使用价值和价值来判断，和供求关系紧密相连。就业状况的变化对培养大学生的高等学校提出了新的要求，也是对大学生及家庭的一种考验。目前，越来越多的大学毕业生流入就业困难群体。这一群体的教育程度普遍较高，容易冲动，有可能成为社会冲突的制造者。二是加大受教育不平等。目前，我国的高等教育对于贫困家庭绝对是高投资，如果投资没有产生回报，势必影响人们对教育的投入，由就业问题引发公众教育投资差距的进一步拉大，会加大受教育的不平等，产生一系列社会问题。

## 二、青年农民工基数大，就业的稳定性不强

国家统计局农村司的监测调查报告指出，2009 年内我国外出从业 6 个月以上的农民工为 14 533 万人，在本乡镇以内从业 6 个月以上的农民工为 8 445 万人；2017 年农民工达 2.087 亿，农民工主体正由“60 后”换为“80 后”的“新生代农民工”，由此凸显了青年农民工就业的难度。

随着城镇化建设的推进，大规模转移农村劳动力是中国解决“三农”问题、推进经济持续发展的必然选择。“十三五”期间，农村劳动力转移就业加速，困难人员就业更难，劳动关系错综复杂，结构性失业和劳动力供求矛盾趋于激化，“就业难”和“招工难”问题并存。尤其是，虽然面临着“刘易斯转折点”，但是随着我国城市化、工业化、信息化进程的加快，我国大量的农村富余劳动力需转移到非农领域，向城镇转移的规模会不断增加，而进城务工的农民工大多为青年人。

由于找不到工作的农民工不会长期滞留于城市中，并且农民工对条件较差的工作大多也可以接受，所以，相对于大学毕业生来说，青年农民工的就业率较高，但是就业质量不好，就业的稳定性不高，作为城市的一个边缘群体，他们属地位较低的收入阶层。农民工作为城市发展中的一支生力军，承担着城市中的很大一部分基础设施建设、制造业和服

务业的工作，为城市建设和经济发展作出了巨大的贡献，已经逐渐成为城市生活中的一个不可或缺的群体。然而，现实表明，由于种种因素，他们始终被排斥在城市社会的边缘，无法平等享有和城市居民同等的权利和待遇，无法顺利融入城市社会，成为真正的“城市人”。这不仅不利于城市社会的发展，而且严重地阻碍了我国城市化进程的推进，影响到整个社会的稳定和发展。目前，农民工群体的人口特征已发生了深刻的变化，其中，最为引人注目的就是农民工群体内部代际分化已经形成，主要表现为青年农民工群体已成为农民工群体的主体，他们占整个农村流动劳动力中的大部分，是农村劳动力中的高素质人员，更是未来城市发展不可或缺的重要的后备劳动力资源。

有数据显示，农民工外出务工目的地仍以东部地区为主，但在中西部地区的比重提高。进城务工青年年龄大多在18—28岁之间，文化程度普遍不高，以初中及以下学历为多。进城打工的主要目的就是想多挣点钱，增加家庭收入。据共青团上海市委对来沪青年农民工的调查，青年农民工就业存在的主要问题在于以下四个方面。首先是青年农民工求职渠道基本依靠熟人介绍，超过七成的青年农民工是通过亲戚朋友和老乡的介绍找到“目前这份工作”的，并且学历越低越是依靠这种关系。并且，跳槽的次数越多越是依靠熟人，不过，也是因为熟人之间的强关系，促使其工作环境和待遇逐步改善。其次是青年农民工的工作时间普遍较长，外来务工青年平均每天工作时间在8小时及以下占少数，工作8小时以上的占绝大多数，延长工作时间在农民工这里是较普遍的；第三是青年农民工最大的烦恼来自经济收入少。2010年的数据显示，接近八成的农民工的收入大多在1 000—2 000元之间（77.8%），没有文化的农民工更是100%在2 000元以下，1 000元以下的占6.4%，[①] 近年来农民工月均收入有了明显的增长，从2012年的2 290元增加到2017年的3 485元，但生活成本和压力也随之提升；第四是青年农民工的社会融入度还有待提高，认同“上海人”和“新上海人”的比例合计接近四成，根据人口学关于居住在一个城市的时间达到半年以上的为常住人口，可以认为务工青年倾向于长期在上海生存的意愿和能力都是非常强的。

## 三、青年白领职业压力大影响其生存与发展

当前，青年白领在就业上的困惑与压力众所周知，作为扩招后的大学毕业生，在经历选择与被选择的矛盾冲突后，无论满意与否，最终都要选定某一职业，迈向社会，这无疑是人生的一大转折。大学毕业生由“自由人”向“职业人”的角色转换成功与否直接影响着他们的事业成败和价值定位。

在我国高等教育大众化形势下，大学毕业生在职场能拼得一席之地已属不易，面对金融危机加剧下格外严峻的就业行情，早两年已就业的大学生更感庆幸。但是，生存压力普遍较大，不同群体存在较大差距，渴望破解发展瓶颈愿望强烈。作为高知识群体，当前白领青年的压力主要体现在以下三个方面。

一是社会上庞大的大学毕业生求职群体的压力。如前所述，近年来，

① 曾燕波：《后金融危机时代的青年就业问题及政策建议》，《青少年研究〈山东省团校学报〉》，2011年第1期。

大学应届毕业生数量屡创新高，就业形势日趋复杂严峻。官方数据显示，从2001年开始，中国普通高校毕业生人数一路上升。2001年，全国高校毕业生人数仅有114万，到2016年的15年间，毕业生人数增长了651万。2017年全国普通高校毕业生将达795万人，比2016年多出30万，再创历史新高。①社会上存在大量的待就业人员，对已就业的大学生来说会产生很大的压力，一些人有被后来者取代的危险，所以，不管目前工作如何，必须加倍珍惜，不能失去，而有跳槽打算的人就更会慎重，大多持保守态度。

二是用人单位工资持续走低的压力。在高校扩招后，随着大学生数量的大幅度增加，大学生就业供给大于需求。在供需定律的推动下，必然导致大学生的工资价格降低。我们的调查显示，而白领对工作的不满意主要集中在报酬收入（14.3%）、福利待遇（13.3%）和能力发挥（9.3%）等方面，最不满意的也是福利待遇（4.0%）。不过，大部分人的感觉还是主要集中在满意和一般两个层面。据媒体测算，一个无房上海大学生要维持基本的生活水平，每月开销大概需要3 000元左右。而在上海安家置业简直就是一个“遥不可及”的梦想。可想而知，在中国一线城市，一个刚毕业大学生的经济状况可谓捉襟见肘。

三是就业稳定性下降的压力。大学生就业稳定性主要源于高等院校的培养机制，学校没有遵照市场为导向的原则培养大学生，致使学校教授的专业与劳动力市场的需求脱节。尤其是2003年以来，大学毕业生的

① “2017年又将迎来一个‘史上最难就业季’ 慢就业悄然兴起”，2017年2月21日，http：//edu.qlwb.com.cn/0221/863632.shtml。

就业稳定性呈现了持续下降的态势。另一方面，当前“先就业后择业”的就业导向，可能会导致大学生在首份工作选择上的轻率和盲目，降低了大学毕业生对专业对口的关注和重视。

这些因素综合在一起，共同导致了就业中的专业不对口问题，从而影响就业的稳定性。

## 第三节　积极促进青年就业的政策建议

今后几年，城镇需要就业的人数每年仍将保持在2 400万人以上。劳动力供大于求的基本格局长期存在。而在现有经济结构条件下，按经济增长保持6%的速度计算，新增岗位和补充自然减员只有1 100万人，供大于求缺口在1 300万人左右，矛盾十分尖锐。国际贸易摩擦、人民币升值压力等国际和国内宏观经济的变数，也将对一些地区和行业的就业产生影响。青年就业应得到格外的重视。政府部门首先要采取措施，缓解社会就业压力，促进青年成长。

### 一、加大我国产业结构调整力度

大学生就业难，技校生职场走俏，九成未毕业就被预订一空。但技校、职校不可能替代大学教育，当大学毕业生纷纷回潮读技校寻找就业出路时，拷问的就不只是教育体制，更深层次折射的是当前经济结构的问题。一个不争的事实是，中国一些重要产业目前仍停留在资本与劳动双密集阶段，接纳的劳动力是大批蓝领工人，对大学生需求有限。白领岗位需求不足，主要是因为我国的产业结构特别是第三产业不够发达造成的。第三产业特别是像金融、法律、理财、高级家政、高科技还有中高档的服务岗位需求不够，第三产业只占到全部GDP的36%—38%，而一般市场经济发达国家达到60%，甚至70%。从长远来说，只有一个完整的产业链才能解决更多大学生就业问题，当我们的产业不再高度依赖于外向型，形成自己完整的产业链，大学生的就业压力或许能缓解很多。

## 二、提高青年农民工收入和工作稳定度

外来人口的就业情况直接决定了他们的经济地位。城市居民的工资与福利一直由政府有关部门做出规定，由用工单位强制执行。而外来人口则没有这样的规定，他们的工资完全由企业主说了算。由于中国现存巨大的就业压力以及企业主的短期行为，很多外来务工青年只能接受低薪。同时他们也没有城市工人合法的劳动权益，超时间工作、超强度劳动是城市农民工的普遍际遇。

青年农民工对于增加收入的期望很高，这从一个侧面反映出增加农民工工资的迫切性。数据表明：收入不能完全维持生活的青年农民工比例较高，因此，有必要适当地提高工资水平。具体的工资提高过程可以依照两个指标进行，一是农村以及小城镇生活水平提高幅度，二是国家经济的发展速度，客观上也要求劳动者的工资水平有所增加。

发展和完善政府部门等正规就业渠道，规范农民工非正规就业渠道，是促进青年农民工工作稳定的重要手段。对上海郊区的调查表明，青年

农民工进城务工多是通过“亲朋好友介绍”、“偶然找到”、第三才是“职业介绍所”，要依靠法律规范非正规就业渠道，发展正规的农民工就业渠道。要建立全国劳动就业和社会保障网，尽快完善农民工社会保障和社会福利措施，使他们在国内任何一个地方都能够享受到公民待遇。其一是畅通就业信息渠道，在各地设立就业咨询中心，凡有用工必须提前发布公告，招工信息要透明，并开通全国联网，以帮助农民工有序流动，减少不必要的“盲流”。其二必须保证每一个公民有个人的社会保障账户，并实行全国通联制度，便于农民工的职业变动。总之，政府有责任采取有效措施规范就业市场，而不能把问题都推给市场。

## 三、建立大学毕业生最低工资保障制度

大学生由于对市场缺乏足够认识，容易“眼高手低”。在职业搜寻的过程中，当意识到工作机会正在一个一个流失而竞争人数却在不断增加的时候，又丧失了冷静和理性，不顾一切地把自己“卖出”，这就天然地为用人单位降低薪水创造了条件。然而，政策空白也是大学毕业生起薪降低的原因之一。现在不少城市针对农民工制定了最低工资标准，对大学毕业生却没有相关规定，尽管上海制定了针对大学毕业生的工资指导价，但并未引起用人单位的重视，也不具有法律上的强制性。因此，建议制定大学毕业生最低工资制度，为大学毕业生提供最基本的生活保障和事业发展的基础，增强大学生的社会认同感和融入度。有人认为工资由市场决定，只要不低于当地最低工资就无可厚非，但为了约束企业的恶意行为，政府应有所作为。

## 四、鼓励青年人灵活就业和异地就业

近年来，国内的就业方式呈多样化发展趋势，灵活就业的比重不断上升，出现了非全日制就业、短期就业、季节性就业、家庭就业、派遣就业、远程就业、临时就业等多种形式。这些相对灵活的就业形式主要吸纳的是青年群体。灵活就业方式在欧美得到承认和保护，并享受到多重优惠。而国内，目前的优惠政策偏重于解决下岗失业人员的再就业问题，对于诸如大学生自主创业和其他新增劳动力、灵活就业从业者的问题考虑较少。

应对吸纳失业人员或实现新增就业岗位的企业提供优惠政策，对青年非全日制就业、临时性就业、季节性就业等灵活就业形式，政府给予一定的暂时性补贴，以缓解青年就业问题。比如，上海的父母很不希望孩子去外地，但是，如果政府能给他们一个保障，就是如果去外地，户籍还可以保留，可以来去自由，这样他们就可以放心地出去工作。对于到中小城市甚至到乡镇、农村，到基层去锻炼的大学生，几年后再回到上海再就业时有关部门可以提供优惠政策，以促进就业。

## 五、加强大学生创业政策扶持

大学生创业是缓解就业困难的有效方法，然而，现实的情况是大学生创业成功率非常低。问题在于：一是，大学生创业有热情没信心，真正创业的大学生少。大学生创业热情来自国家的大力支持和高校举办的各种创业讲堂、创业比赛。可是，由于他们缺乏社会经验，创业高成本、风险又大，所以真正实现创业的大学生并不多。二是，大学生创业有氛围缺教育，多数大学生是没有创业经历的，急需一批创业指导老师，大学生创业有政策，但由于大学生对创业了解不多，申请时困难多。三是，大学生创业注重高科技轻“草根”。这是源于创业资金的申请门槛仍然较高，还得有科技含量等硬性条件，这导致了大学生创业不得不注重高科技而轻“草根”的现状。所以，加强大学生创业教育是当前急需要做的事情。通过创业教育使学生树立创业意识，有助于他们在初次就业时保持良好的心态，充分了解市场，寻找创业机会。要建立专门的创业指导机构，有专业的创业讲师队伍。要调整创业政策，更加切实可行，要多扶持立足于社区服务业和现代服务业的大学生创业。发挥大学校区科研园区的优势，降低大学生创业的风险和成本。

# 第四章　青年时尚：在实践中引领潮流

青年时尚文化是青年文化的一种表现形式。一般认为，青年时尚文化是指在一定时期内，在青年群体中普遍流行的，一种非常规的生活模式，既包括青年的日常生活领域，如衣着、装饰、家具样式等，又可以包括青年的行为方式，如游戏、娱乐、体育、旅游、消闲等，还可以包括青年的思想、心理、观念、知识积淀与思维方式，如青年思潮、青年意识、青年文艺及各种青年学术热等。现代社会的青年日趋时尚化，时尚的追逐已经成为显示人们社会身份和人格的重要特征。近年来，随着高科技信息技术的迅猛发展，大众传播媒介的日新月异，越来越多的物质技术手段介入到人际传播领域。青年在时代文化的发展中，一直引领着新的社会潮流，是新的价值观的实践者，是新的生活方式的倡导者，是新的社会文化的创造者。他们是一群最敏感的人，以独特的勇气开辟了社会生活的一个崭新侧面，强调多元的、复杂的、多姿多彩、充满个性的生活。

## 第一节　青年时尚文化的演变

改革开放不但促进了经济的极大发展，以大众传播工具为主要载体的时尚文化也逐步发展起来，而青年思想的变迁与时尚文化的发生发展有着不可分割的联系。每一个时代都有自己的时代特征，也会造就相应的社会经济文化特点，我们从中可以看出青年时尚文化发展的过程。

### 一、青年时尚文化的发生期

改革开放，中国社会的现代化进程速度逐渐加快，文化领域极为活跃，批判现实、张扬个性的呼声高涨，可以说启蒙文化大潮汹涌而至。随着物质生活水平的提高，家庭从老三大件（手表、缝纫机、自行车）到新三件（电视机、录音机、电冰箱）的改变，大众媒体在中国社会文化传播中开始扮演着越来越重要的角色，读书热、存在主义热在青年中盛行，港台流行歌曲、武侠小说也开始在青年中广泛传播，虽然不被主流文化认同，但是，新鲜、神秘与叛逆心理为时尚文化注入了活力。20世纪80年代中后期，大众传播媒体开始在大中城市迅速发展，以前不被传统思想所认同而显得半遮半盖的迪斯科、牛仔裤更为流行，摇滚音乐也使不少青年找到了精神寄托。此时，随着社会转型与发展，众多社会问题暴露，引起青年的关注，外来文化与原有主流社会思想的日益冲突无疑对它起了推波助澜的作用。可能说，这时的时尚文化摆脱了长期以来文化对政治的依附性与政治化倾向，以一种五彩斑斓的面貌展现在青年面前，使青年逐步摆脱单一文化形态封闭的思想模式。同时，时尚文化所表现的对现实日常生活关注的世俗化趋势，使中国青年忘却了理想主义的狂热，学会了更加实际地对待生活。

## 二、青年时尚文化的发展期

1989 年以后，在经历了社会各种矛盾的激化后，众多喧嚣一时的社会思潮逐渐冷静并重新定位。此时的时尚文化由于远离政治，开始出现平稳发展的趋势，并为国民所接受，一种全新的、消费性的时尚文化飞速发展，青年的日常生活环境更为宽松。20 世纪 90 年代初，以王朔为代表的后现代文学作品开始在中国火爆，这一类文艺作品语言通俗，态度调侃，紧贴下层社会，远离豪言壮语，尤其适合这一时期的青年。青年试图从严肃、正统的主流意识中寻找一片自我的宽松的生活空间，于是从音像市场到饮食、服装、影视、旅游，各个文化市场一派活跃，休闲杂志、报纸、休闲服饰、运动开始走进青年生活。但这种商品繁荣不可避免造成高层次学术文化的萎缩和低层次世俗文化的增加，缺乏深度和力度，成为时尚文化的痼疾。从离婚热潮，男人穿花衣留长发、女人男性化装扮开始，青年人穿戴“概念化”：回归自然、简约休闲、个性独特，到港台风的流行，卡拉 OK 进入千万家，炒股、考研热等说明这一时期的青年更流行实用主义的时尚风潮。一项调查显示，青年在择业时最重要的考虑因素依次是经济收入、能否实现个人价值、权利和地位。

这时的青年对于如何打扮、如何化装、交际礼仪等生活知识和公关、英语、投资等技能性知识特别感兴趣，有着非常强烈的接受新事物的意识和能力，注重自我形象，富于同情心。他们思维独立，“自我”意识较强，比20世纪80年代的同龄人更理性，也更老于世故。他们希望社会接受他们的思想，但不再采取过激的方式。青年不再有行为上的榜样，偶像只不过是弥补心灵空白的慰藉。他们的心中没有终极价值的支撑，行为也不自觉地受到“匿名权威”——市场行为的引导，他们在乎别人的评价，唯恐自己落后于时代，所以很容易受到外部环境的影响而盲目追求时尚，追赶潮流。

## 三、青年时尚文化的成熟期

进入21世纪，随着电子科技的进步和信息服务的更加便利，时尚文化的传播进一步扩大，也更加市场化。1999年的一部电视连续剧《还珠格格》受到了广大观众的喜爱，“小燕子”成为青少年的模仿对象。2001年电视连续剧《流星花园》中F4受到了广大青少年的喜爱，虽然该剧在故事情节和价值观上背离了传统，但在空前的受欢迎程度上看，这是一个很成功的市场操作，F4成为了广大少男少女的偶像，也证明了中国绝对意义上的时尚文化已经产生并为人们接受。这时的青年更喜欢简单的快乐，开心地生活，慢慢地长大，真诚地待人。同时，他们在越来越大的社会压力下，愈加沉浸于自己的卡通世界，时尚与放松，与享受生活是一致的，青年新世代与传统有点冲突，真诚又唯美。时尚是青年生活不可少的重要元素，时尚文化也表现得更为成熟。与科学技术与经济发展同步的时尚元素越来越多，上网、信用消费、手机短信等一系列时尚行为已经成为青年生活的必需，虚拟婚姻、网络游戏、单身、出国旅游、彩票是不少青年的选择。当代中国青年的消费水平已经明显提高，他们更加讲求自身消费质量与总体生活质量的改善，生活方式走向休闲与独特，“酷”与“靠”，追求独特的同时，表现出的是力图摆脱一切意识形态设置的思想藩篱。韩流与大话西游表现出的爱情与美丽、平民化与搞笑，对于权威的蔑视，青年的这种流行趋势正是对内心真善美的追求和娱乐化的休闲体验。由于时尚文化是一种消费文化，不可避免带来了自身的媚俗性、表层性。它消解了对终极价值的追求，代之而起的是满足即刻感官冲动寻求现实心理满足的文化消费，文化从本质上失去了本能的升华，具有速写力量的超越精神，于是，青年以更加宽容的意志来对待生活，也容易与现实妥协与淡漠。

## 第二节　青年时尚文化的现状

时尚文化参与了对青年整体性的解构。在时尚文化里，无论是客观世界，还是人类主体精神都零散化、片断化，它们这种性质也影响了青年的认知，促使他们凭着感觉去追随表现市场上的流行现象。他们反对一切思想和行为上的权威，却关注他人的看法，不自觉地受到了市场的摆布，正如弗罗姆所说：“权威并非流失了，而是转为看不到，也发现不了命令与压迫，代之而起的是温和的说服。”

## 一、青少年文化时尚

星座文化：星座预测、星座占卜成为西方发达的占星术的一个重要组成内容。随着人们对“星座”的迷恋加深，更有将血型、生肖与星座结合，组合成更多不同的类型，由此催生出丰富多彩的星座文化。与电视、畅销书等其他大众文化相比，星座文化更多地迎合了人自我认识的需要，星座文化的价值就体现在其独有的对人个性的细致描绘中。它根据人的出生日期把人分为12个星座，每个星座都有一个美妙的神话故事以及关于此星座人的个性分析，星座情缘、星座配对、星座占卜、星座运程等神奇功能，加上塔罗牌、心理测试、周公解梦等测试、算法，星座文化以神秘莫测、变化多端的形式及内容吸引着青少年，使每一个人都能对星入座。对于涉世不深的青少年来说，看到星座文化对自己性格特点、个性缺陷、健康素质甚至未来职业、婚恋的解读，觉得很有道理，便依赖于星座的“分析”与“忠告”。青少年群体的互动性强，青少年接触星座文化大都是受身边朋友的影响，星座文化在青少年中的流行程度不可低估。在青年中，不少人把恋爱、考试、求职等与星座运程相联系，恋爱失意、考试失利、求职不成常被他们归因于“星座预测我今年流年不利”。

动漫文化：动漫，通俗地讲就是动画和漫画。动漫文化无论是从情节上还是画技上，都具有较强的可读性，以其新奇、唯美、逾越传统的姿态赢得青少年的青睐，成为时尚的前沿。市场化的运作规律使得动漫文化的发展越来越趋向商品化，娱乐功能、感官刺激功能不断被刻意地强化。作为一种消遣工具，动漫适应了青少年超越现实和传统规则、凸显另类、张扬个性的文化偏好，表达了自由、开放和休闲的生活方式。在多元价值取向并存的文化语境下，动漫文化以平庸、易于吸收和理解的特质为青少年提供了诠释理想生活的新视角，必然成为文化中的时尚要素，这是动漫族产生的社会文化基础。格曼认为："青年在自己的圈子里具有对传统的反抗性，同时具有强烈的从众性。"动漫作为异类文化，正是被群体认可和保留个性的完美结合，不可避免地融合为一种整体的文化环境，使青少年的生活方式从个人的、无意识的选择变成自觉的、群体性的时尚潮流。在当前"眼球"文化下，这种整体创新而形成的强烈视觉冲击效果满足了青少年两种相反相成的心理需求：一方面，个体求新求异，力图展示与众不同的格调和追求，使内心的优越感得以满足；另一方面，强烈的从众意识使青少年迫切渴望在同类群体的文化归属和心理归属。

嘻哈文化：Hip hop（嘻哈）是20世纪70年代起源于美国纽约布朗克斯区（Bronx）的黑人和拉丁裔青年中的青年亚文化。经历了近三十年的发展和商业收编运作，嘻哈文化已经成功进驻主流文化和主流商业社会，并发展演化成为全球性的文化运动和力量，嘻哈已经成为城市青年中最为流行的时尚文化表现形式。嘻哈文化传入中国并非通过直接的文化输出，而是在20世纪90年代中后期，嘻哈文化通过"日流"、"韩流"的侵入以间接传播的方式开始在国内日渐流行。嘻哈中的街舞、音乐、服饰风格随之进入国内城市青少年中，并在国内都市年轻人群体中持续升温。嘻哈不仅表现出衣着和音乐等特别的展示方式，它更成为了青少年表现个性与活力的一种文化、一种生活方式，同时也成为了现代商业社会的消费品。我们可以随处找到和嘻哈文化息息相关的服饰：霹雳舞，涂鸦喷画等，足见它的普遍性并从中感受其旺盛的生命力与活力。

## 二、青少年消费时尚

布波族：布波这一概念的来源，比较流行的说法是《纽约时报》资深记者大卫·布鲁克斯在其大作《布波族——一个社会新阶层的崛起》中提出，由Bourgeois（布尔乔亚）及Bohemian（波希米亚）两词合并而成。意思是指在信息时代，将信息的无形世界和金钱的有形世界相融合，结合“智慧资本”和“文化资本”，可以把创意和情感转化为产品的人。这群人一脚踏在赞成资本主义、雄心勃勃追求世俗成功的布尔乔亚世界，一脚踏在崇尚自由与解放、创意和智慧的波希米亚世界；是既拥有高学历、丰厚收入又抗拒物质主义，讲究生活品位、注重心灵成长的一族。世纪之初，当布波（Bobo）一词以不可阻挡之势跃然于我们的视野时，小资则渐行渐远。布波族既追求实惠，又讲究面子消费，对产品的功能性与象征性有着同等的关注度。据调查，在当代青年消费群中，有近一半的人属于布波族。

月光族：顾名思义，就是一到月底就把当月工资花光、用光的人。一般来说，“月光族”们有知识、有头脑、有能力，他们一般在IT、金融、出版、媒体、艺术等领域工作，工资待遇少则二三千，多则六七千，有的甚至更多，但他们不再信奉老辈们的“会赚不如会省”的信条，他们的格言是“能花才能更赚”，花光用光自得其乐。“月光族”的信条是：钱，只有花出去才是自己的。在享受生活、追求时尚的同时，“月光一族”也不得不为自己的行为买单，一般来讲，这些人“月初是贵族，月末是跪族”，一到月末就得靠四处借债或信用卡透支。“富，富不过30天；穷，穷不了一个月”是对“月光族”最生动的写照。然而，不少青年认为，这样的生活才是现代的，也是时尚的。

## 三、青少年道德时尚

虚拟婚姻：随着网络技术的迅猛发展，网络文化呈现出空前的新颖性。近来，网络文化的产物——网络同居迅速蹿红，它以独特的“魅力”征服了数以万计的网民。只要在网站交上钱就可以进行注册网婚，在虚拟空间办婚礼、买家具、生孩子，不少中学生也加入到网婚的行列。一些青少年无法摆脱网络同居的诱惑，纷纷迷恋其中，不能自拔。他们认为网络同居是新奇而时尚的情爱表达方式，乐于在网络同居中享受柏拉图式的浪漫与激情。然而，虚拟的网络可能会带给青少年真实的伤害。

不乖族。在一些青年中，要乖还是要创造性的不乖，要听话还是要有个性，是他们思考和有兴趣的问题。在他们的字典里，青春都有一点叛逆、一点可恨、一点疯狂、一点幼稚。不少青年把“很不乖”看成是有个性，是种可爱，是时尚。这种“坏孩子”是极有表现欲的，他们敢爱敢恨，痛恨穷酸、迂腐和呆板，即使没钱，也要高消费，他们中的许多人认为抽烟的样子很酷，不修边幅很潇洒。他们不忌讳自己的不知道，乐于“炫耀”自己的缺点，敢于表达真实的自我。有调查显示，不少青年乐于做“知道分子”，吸取知识营养的渠道排行情况如下：网络、电视、报纸、杂志、书。60分足够，70分是奢侈，多考1分也是浪费，不死啃书本，更重视生活积累和社会实践，在他们的眼中跳槽如跳舞。这是青春期青年叛逆性格的表现，他们很让大人头痛，然而，他们虽然不乖，但是不坏。

新懒人主义：这里的“懒”指的并不是拖沓和好逸恶劳，而是一种放松、追求高质量的时尚的生活方式。新懒人一族不会追求完美，是相当明智的一群人，他们主张平平淡淡、顺其自然、简约的生活。不在意小事，大事化小、小事化了是他们的本领。做事注重效率，不会去希望争取所有人的满意，说“不”并不是件为难的事情。新懒人往往会认为勉强自己可不是件好事情，不关自己的事情才不去管，很少加班，回到家里就不工作，很会休闲和保养，他们更喜欢休闲装，既舒服又时尚。学会放弃是他们常告诫自己的做人道理，不要有太高的理想，甚至会认为有理想才傻，如果有理想那么就会有压力，实现不了又不开心，真是划不来。

## 四、青少年语言时尚

网络语言：语言是最重要的表达符号，时尚异类的网络语言在喜欢上网的青年那里可谓“满天飞舞”。比如“泥的柔情偶不懂”、“今天遇到一恐龙，感觉很丝乌昂”、“东东”。对于这类时尚语言，如果不加说明，也许很多人都会不知所云，而这却是被网友们挂在嘴边津津乐道的专门语言。作为一种新兴的独特语言类型，网络语言倍受青少年青睐，并从网上走到网下，从虚拟进入现实，在一定程度上影响和改变当代青少年的语言方式、认知方式乃至生活方式。网络语言适应了“读图时代”、

“注意力经济”的需求，呈现出强烈的时尚性特征，是时代发展进程中的一种特定文化现象。网络语言脱离现实语言体系，是网民群体内部使用的代码，以其轻松活泼、戏谑调侃的方式成为时尚前沿，突出地表现为网络群体约定俗成并迅速流传开来的语言形式。由于吸取了现代社会思想观念的最新因素，显示了独有的时尚魅力，成为青少年亚文化的新潮表现形式，在以网络为交流平台的时代必然处于时尚前沿。网络语言作为一种文化时尚，已经在青少年群体为核心以其他社会群体为延伸的人群中辐射和扩散开来。网络语言起于网民提高速度和彰显个性化的需要，其中不乏一些亲切、风趣、形象的词汇，但由于网络本身的匿名性、隐蔽性和虚拟性等特征，一些低级、庸俗甚至色情和反动的词汇也加入其中。

青年流行语：从众扎堆心理既是流行语形成的条件之一，又是流行语得以传播的有效途径，像“有没有搞错”、“郁闷”等就是这样孕育而生的。改革开放给整个中国社会带来了翻天覆地的变化，人们一下子变得轻松自由起来，再不会因为说错话而受到政治上不公的待遇，但是人们特别是大学生又面临着前所未有的压力，比如学习与就业的压力，语言发泄成了最好的减压器，所以校园内不时充斥于耳的流行语脏话、粗俗的话就不难理解了，像“有病”、“靠”、“变态”、“去死吧”之类就是如此。青年流行语一般都很简短，如“晕”、“顶（支持）”、“酷”、“牛”、“哇噻”。求新求异也成为流行语创造永不枯竭的动力源泉，语言表意往往出人意料：“白骨精”被阐释为“白领骨干精英”，“天才”被阐释为“天生的蠢材”，“偶像”是指“呕吐对象”，“小笼包”是“装可爱”的代称，“油条”指“很花的男生”、“烧饼”是“很轻浮的女生”。不深入青年群体中，很难明白有些流行语的确切意义。

## 第三节　青年时尚文化的引导

青年时尚作为一种独特的社会文化现象，它是现代社会时尚的代表和先锋，反映了一种普遍存在的社会心理现象。每一次青年时尚的出现，都是一种创新，它不仅是一种行为模式，更是一种流行的生活方式，从某种程度上改变了人们的生活态度和价值观念。当前，青年时尚行为带有社会转型时期的烙印，也反映了社会与青年之间的矛盾。因此，对待青年时尚只能加以正确的引导。

### 一、加强对青年“时尚教育”

#### （一）正确看待青年时尚文化

社会环境越是宽松，人们对待时尚的态度就越宽容，青年时尚就越能为大众所接受。相反，在一个狭窄的思想观念保守的社会环境中，老一辈人对时尚的排斥与抵触，必然加深“两代人”之间的隔阂，容易使青年时尚走向极端，还会造成许多青年以“反传统”为时尚，加剧了青年和社会的背离。因此，营造一个良好的宽松的社会环境，对于引导青年时尚的走向是相当重要的。

支持青年开展健康、向上的文化艺术活动，要充分看到在“文化反哺”时代，青年时尚文化在促进青年社会意识发展以及推动社会主流文化发展上的重要意义。在社会的整个文化系统中，没有哪一种亚文化或群体像青年文化一样，能够对外来文化具有极大的包容力，能够具备随时进行文化拼接的要素。全社会应给予青年时尚文化以适当的位置，尊重青年的文化选择和文化偏好，是一个社会是否具有宽容的文化心态的重要标准。因此，我们要积极鼓励青年去创造并开发健康的时尚文化观念和样式，使青年时尚文化成为社会主流文化的重要组成部分。我们要进一步着眼于时代要求和世界科学文化发展的前沿，着力发展以社会主义核心价值为内核的青年时尚文化。我们要发挥青年的网络优势，发展网络学习文化；发挥青年的体质优势，发展健康的体育运动文化；发挥青年追求新奇刺激的特点，发展具有民族特色的游戏文化；发挥青年敏锐的感官优势，发展美好的音乐、动漫等感觉文化。这些新型的文化形态，有助于青年的健康成长，也能逐步使他们减少至摆脱西方时尚文化的不利影响，让优秀的民族文化和世界先进的科学文化在青年中得到认同。

同时，扩充精英文化在时尚文化中的比重和传播，使其充分肩负起价值引导的职能：一是对时尚文化的二重性即它的积极意义和消极意义进行评估，使之趋利避害，健康发展；二是要教育青年，使之不断提高自己的文化品位，脱离低级趣味。我们必须用大的文化视野、文化心态和文化作为，去认识、研究和改善其在青年社会化过程中的文化价值、教育载体、传播技术等工作着力点，既不简单否定，也不由其自生自灭，而是科学、理性和宽容地对待它，实现全方位的提高，从而在建构和谐文化格局中服务青年社会化过程。

### （二）加强青年价值观教育

流行文化时尚是一种偶尔发生的、近乎崇拜的短期流行方式，有着明显的短暂性、情绪性与多变性，它有一部分的前卫行为、先锋姿态通过大众媒体向社会扩展开来。这种特有的时尚魅力，与泛滥的商品化信息融为一体，一方面给渴望获得社会信息与思想的青年带去了养分和精髓，拓展了他们的心灵空间与精神空间；另一方面，也促使一部分青年因不能明确信息真无与虚幻，自我防卫意识和伦理道德情操方面开始异化。因此，要及时加强青年价值观教育。

青少年所呈现的身心特征决定了其必然受到文化产品所折射出来的文化意识、价值观念的影响，一定程度上异化其尚未成熟的人生观、价值观。青年求知欲的增长，表现为对新奇事物的猎奇性，但由于主体缺乏警惕性和判断力，不可避免地会导致思想开放的盲目性，这时对信息的导向就显得极为重要。当前，在西方强势文化控制世界话语权，而国内主流文化相对弱化、监控失位的情况下，西方文化产品经过商业化媒体的立体炒作，很容易使青年内化西方价值理念。以这种理念指导下的行为实践，集中表现了消费主义和精神失落的“哈西”情结的倾向。消费主义的首要原则是为了追求心灵的愉悦、精神的满足、情感的惬意，而不是满足物质上的需要，在其名目下必然衍生出攀比消费、超支消费、刮老消费等多种畸形消费模式。因此，帮助青年树立适度消费观和责任意识很有必要。适度消费观是一种既不主张物质财富一味节约吝惜，又不赞成对物质财富无节制的消耗滥用的消费观。消费者在消费时不仅要考虑自身效用的最大化，而且要考虑他人利益乃至社会的利益；不仅要考虑当代人的利益而且要考虑子孙后代的利益。这种消费观体现了理性精神和道德自律，符合现代社会经济发展的要求。

## 二、建构大众传媒对青年的保护制度

随着科学技术的突飞猛进，文化与科技日益紧密结合，文化传播手段不断由语音、文字的形式向信息化、数字化、智能化、网络化、虚拟化日新月异地转变。文化表现形态日益丰富多彩，不仅新兴学科不断产生，知识更新继续加快，终身学习成为人们的追求，而且文化形式精彩纷呈，文化载体多样并存。影视文化、广告文化、旅游文化、装饰文化、服装文化、饮食文化等，借助于现代科技的运用，不断地增添现代的气息。许多新兴的时尚文化形态，从产生之时起就具有很高的科技含量，尤其是互联网更是蒸蒸日上，独领风骚。时尚与技术是分不开的，因此，通过技术加强对青年时尚的引导格外重要。

当前，青年时尚文化摆脱了意识形态的引导，具有了初步的独立性，然而，受西方文化的影响和驾驭，是我们必须面对的事实。我们应适当借鉴发达国家和地区把青年文化建设纳入政府规划、设立政府文化项目的成功做法，加强政府宏观指导。国家通过制定文化政策、文化市场规范，协调各种文化机构、文化市场，指导、引导、限定、规范文化发展，把国家政府的意志渗透到文化政策和文化产品之中，通过社会大众对文化产品的接受，进而接受国家政府的意志，达到传播意识形态，实现社会控制的目的。目前，我国已初步制定了一些相关的法律法规，然而，立法和政策指引工作落后于实际需要的状况还很严重。制定一系列有效的文化政策、法规，设立有关的管理机构，阻止低级趣味文化的生产、流通和消费，打击各种消极性大众文化产品，鼓励弘扬积极生活情调，引导积极向上的大众文化，把大众文化的趣味性、商业性、通俗性和社会主义文化的意识形态属性有机结合起来，加强网吧、娱乐场所、游戏机房等青年文化传播的公共场所的严格管理，坚持树立公共利益导向，而非市场导向，才能有效引导青年正确认识和理性参与各种时尚文化。

大众媒介是社会时尚的传感器，大众传播媒介应具有宣传育人的社会责任感，传播符合时代国情的消费观念。在传媒时代，媒体首当其冲成为制造和传播流行共识与时尚文化的系统。作为“双刃剑”，它既有正向功能，也有负向功能。现代传播媒介的发达为时尚的广泛与迅速传播提供了条件，传媒对青年时尚所起的作用也越来越大。一些传媒对西方、港澳台等消极颓废内容的传播很容易把青年引上歧途。因此，要有效控制大众传媒，遏制不良文化在青年中的流行和扩大。通过有关立法，逐步建立大众传媒对青年的保护制度，特别是对电视、电影、广播在“黄金时段”和青年寒暑假等闲暇时间内播出的文娱类节目，加大审查力度，减少各种不必要的娱乐新闻和“明星人物”的炒作，提供负责任的舆论环境。

# 第五章　青年与网络：于积极参与中保护发展

网络自 20 世纪 90 年代以来，在全球各地迅猛发展，成为集报刊、广播、电视之后第四大传媒，它为人们的行为、思维乃至社会结构注入了新的内容和形式，引起整个社会生产生活方式的深刻变化，从而形成一种由人、机器、信息源之间相互联结而成的新型虚拟空间即网络社会，它以其自由性、开放性、虚拟性、非人性化的特点深深吸引着青少年，青年已经成为网络受众的主要群体。

## 第一节　网络对青年的正向作用

随着科学技术的突飞猛进，网络的发展可谓日新月异。自从 1994 年 5 月，我国作为世界上第 71 个国家级网络加入互联网之后，IT 业迅速发展，几乎是一夜之间，互联网就无所不在地以立方级的速度渗透到我们生活的各个角落。它缩短了人们交往的距离，地球一下变成了“地球村”。我们通过互联网学习知识、进行交易、开展研究、交换信息、结识朋友。可以说，没有什么像互联网的飞速发展那样广泛而又深刻地影响了社会变革和社会生活。而青少年是网络社会的主体，是网络信息时代的弄潮儿。中国互联网络信息中心（CNNIC）第 40 次《中国互联网络发展状况统计报告》显示，截至 2017 年 6 月，中国网民规模达到 7.51 亿，占全球网民总数的五分之一。互联网普及率为 54.3%，超过全球平均水平 4.6 个百分点。手机网民规模达 7.24 亿，网民中使用手机上网的比例由 2016 年底的 95.1%提升至 96.3%。各类手机应用的用户规模不断上升，场景更加丰富。其中，手机外卖应用增长最为迅速，用户规模达到 2.74 亿，较 2016 年底增长 41.4%；移动支付用户规模达 5.02 亿，线下场景使用特点突出，4.63 亿网民在线下消费时使用手机进行支付。

## 一、网络渗入日常生活，满足了青少年心理需求

当人类进入信息时代，世界成为一个网络地球村。“比特”所构成的“赛博空间”与“原子”所构成的现实空间形成两个时空坐标系，地球上任何现实空间的两点在互联网里失去了其固有的用时间长短去衡量的意义，变成了信息产品的不同消费终端。这个具有交互性、共享性和虚拟性的空间本质上讲是现实世界的一部分，所以有了“虚拟现实”这样一个二律背反的名词。开放的网络文化改变了时空结构，流动空间取代了地方空间，以电子为介质的高科技文化，同时具有高时效性、开放性、交互性和虚拟性，进入互联网时代，虚拟时空使全世界的人们有如“面对面”地沟通。网络以极快的速度侵入青少年的学习和生活之中，已经

成为青少年获取知识、信息、文化娱乐的一个重要途径。青少年在网络中可以任凭兴趣和情绪，可以摆脱束缚、张扬个性、舒张个性、大胆宣泄、挑战激情，可以超常思维、超越凡俗、追求流行、创意热情。网络中的每一个成员，不论你持什么样的文化价值观念，都可以最大限度地参与文化的制造、传播、扩展、创新、评价。正是网络文化所表现出的这种与生俱来的自由开放性、平等包容性、双向互动性和全体参与性，迎合了人们特别是青少年崇尚自由平等的思想，满足不同的需求层次，也使其拥有了无限的信息量和无数的承载者。网络勾画出现实中少有的无可挑剔的虚拟世界，可以创造出激动人心的情节，在方寸屏幕之间获得了穷尽宇宙的目的，用鼠标键盘主宰虚拟世界，满足个人内心欲望，它能使人的思维和现实生活有一定的距离，实现青少年行为背叛和本我释放。同时，网络文化快捷简单、轻松方便、刺激过瘾，快节奏下的现代青年需要“快餐文化”带来的情感抚慰、友情弥补和舒适快感。

网络技术所提供的多媒体仿真设计、聊天室、虚拟社区等虚拟情况的出现，为青少年提供了一个与现实生活千丝万缕的联系，但又同现实有着本质区别的空间。网络社会的虚拟性、匿名性使青少年在聊天、交友、游艺等活动中敢于真实地宣泄，避免了不良情绪的积累。青年人在网络中扮演各种角色，而这些角色不再是出于生存的要求，而完全是人类游戏的本能的释放。传统人际交往中的压力也在互不谋面的情况下得以缓解。网络为我们提供另一个探索自我认同、引起他人注意、影响甚至控制他人的舞台。由于可以允许人有多重身份，网络上的言行不需要也无法确认责任主体，因而人们有机会完全推翻日常生活的行为模式，尝试不同的身份的呈现。事实上，这也是基于人类本性中实现欲与征服欲。每个人都渴望得到其他人的承认甚至肯定与赞赏，当现实提供的资源相对有限，并不能使每个人都得以实现时，人们便只能转向虚拟的空间寻找自我认同。

## 二、网络扩展了交往空间，增强青少年对社会归属感

当代青少年个性突出，他们的社会交往活动多建立在相互认同和习惯、爱好、需求相似的基础上，他们希望在社会交往中有充分的主动性和较大的选择自由度，而网络交往方式在一定程度上满足了青少年的心理需要，具有强烈的吸引力，网络交往已经成为其交往的主要方式之一。网络通过全方位、多层次的信息传输为青少年提供了更方便且范围更大的社会交往机会，使他们的社会性得到空前的延伸和发展，交往群体不再局限于亲属、同学和朋友之间。在网络世界中，人与人之间是平等的，每个人都有自由参与信息传播的机会，个人可以在网上交流、讨论，可以建立个人网站、主页。从一定意义上说，网络为青少年提供了平等参与社会生活的机会，使他们的主体性、创造性得到张扬，自由、平等得以体现，隐私、尊严受到保护。这有利于培养平等、民主意识、培养完整独立的人格。最为重要的是，网络充分扩展了青年生活的社会环境，创造出许多新的社会关系。比如电子邮件逐步取代传统的通信方式，为远距离交流提供了极大的便利，由此产生出不少新型的人际关系。人们可以根据兴趣、学习和工作的需要在网上交到自己想交的朋友。这无疑在很大程度上扩大了青少年的社会化空间，使其不再局限于周围的人与事，而是向更纵深的空间发展。青少年已经逐步走向独立，但其内心世

界也更为封闭，许多事情与老师和家长无法沟通与倾诉，正好可以借助于网络，希望在网际互动中寻求情感认同。网络的优点在于其快捷、范围大，因此，一个个体可以很快接触到许多其他的个体，情感自我的交往空间一下子得到了在现实中不可能实现的延续与拓展。网上聊天可以使青少年克服羞涩的心理自主表达，也可以从聊天的过程中得到一定的启发，拓宽了获取信息的空间，在一定意义上增强了对社会的归属感。

现实生活中的交往要受到性别、种族、资源、社会地位等身份因素和个人的相貌、体态、表达能力等交往条件的制约，然后是资源的占有和社会地位，最后才是知识、智慧、修养等更为深层次的内涵。正是这一排列秩序，使许多内涵不错但外表或社会资源欠缺的人在日常交往中处于劣势，在生活中难以挥洒自如。网络可以改变作为吸引力要素的排列秩序，进而使一些由于外在因素欠缺而在交往中相形见绌的人重新获得交往的自信心。由于很多青少年在现实社会交往中不同程度地存在自卑心理，当他们看到网际互动不再首先强调一些外在因素时，就对其注重内涵的风格产生了浓厚兴趣。一些人平时性格内向自卑或缺乏交流技巧，在现实中难以与人正常交流，因而更渴望去寻求内心的平衡与整合，而在网络世界里，通过 QQ 聊天、E-MAIL 交流、BBS 版面活动以及网络游戏等能够很轻易地满足这一愿望。

网络交往使青少年在实体性群体之外，可以获得一些保持并发展其独特旨趣的交往空间，而不再需要克服自己的偏见、先入为主和固有的思维方法。青少年正处于社会化的关键时期，他们有与人交往的强烈愿望。这一时期的青少年容易体验到孤独感。网络交往广阔的空间使他们不再受繁琐的条条框框限制，不再担心是被动的接受者，不再担心自己的观点孤立，他们可以畅所欲言，最佳化地表现自己。

正如社会学家帕森斯所说，社会化的核心内容是学习扮演社会角色，青年时期社会化的主要任务是依照社会对青年的要求和标准学会承担特定的社会角色，即实现期待角色与现实角色的整合。而影响社会化过程的因素很多，自由开放、平等多元的网络作为新的人类生存方式，与追新求变、渴望独立、藐视权威的青少年不谋而合，为他们提供了各种不同的角色模式、角色评价、价值标准、行为规范，成为影响青少年角色社会化的重要因素之一。

## 三、网络空间为青少年成才提供了便利条件

青春期由于大脑机能的不断增强，生活空间的不断扩大，社会活动时间的不断增多，青少年的认知能力获得了长足发展，他们特别渴望获得信息，对世界充满了好奇，求知欲迅速增长。因此，当网络这个超大的信息容量载体出现的时候，他们犹如发现了新大陆一样，迅速地涉猎其中，网络成为满足青少年求知欲望的一个良好的途径。网络空间是一种与物质世界相区别的由数据构成、由计算机系统支持的虚拟空间。这种虚拟世界凭借着数字化手段实现着对现实的超越，成为人们交流信息、知识、情感的重要途径。青少年借助网络可以很方便地、适时地了解全球范围内的各方面最新消息。这种搜索、查询、比较、交流提高了他们对信息的甄选、辨别、判断能力，培养了主动意识与独立思考精神。如今的互联网内容更丰富，观点更多元，信息更精彩，人们通过这种新兴的具有划时代意义的沟通方式，以前所未有的深度与广度分享着彼此的

见解、观点与思想，显著增进相互之间的了解，丰富各自的精神世界。

信息网络化为教育的现代化，为受教育者提供了崭新的教育平台，使教育在时间、空间和观念上发生了根本变化。在新的信息网络教育平台上，任何人都可以在自己方便的任何时间、任何地点通过信息网络去学习，去接受知识和技术的教育、培训。信息网络化以最快的速度传播最新的技术和知识，人们可以通过信息网络，比以往任何时期都更为迅速、更为容易、更为便捷地获得各种各样的新信息、新知识、新技术，实现信息、知识的、技术的交叉、融合，衍生出更多新的知识和技术来。这种时空、内容、方式的延伸，对于培养青少年养成良好的学习习惯极为有利，学习意识的加强势必带动学习力的提高，而学习力恰恰是创新的基础。

在传统的环境中由于论资排辈、求稳求全等观念的影响，青少年创新能力和创造力往往受到怀疑、束缚而无法得到淋漓尽致的发挥。信息网络化的过程恰恰为他们的创造、创新提供了一个全新的环境，可以把自己的设想以最快的速度付诸实践，信息网络化无疑为青少年的想象力、创造力插上了强有力的双翼。

## 四、网络游戏：青少年社会角色的实验场

截至2017年6月，我国网络游戏用户规模达到4.22亿，较上年底增长460万，占整体网民的56.1%。手机网络游戏用户规模为3.85亿，较上年底增长3 380万，占手机网民的53.3%。2017年上半年国内网络游戏行业发展稳定，营收规模显著增长，游戏与IP产业链上其他环节的联动

日益加深。从游戏本身的发展来看，竞技与社交仍是促使游戏产业保持极高营收能力的核心元素，而随着游戏用户群体的不断垂直细分，作为小众市场的单机游戏有望成为新的行业增长点。

青少年之所以喜欢网络游戏，是因为网游可以实现成功扮演社会角色的诉求。在现实生活中，一个人总要处于一定的社会关系中，也总要在其中占据一定的位置，必然扮演相应的社会角色，产生相应的角色行为。在虚拟网络游戏世界，虚拟的个体角色同样占有一定的位置，由此决定着游戏中的“自己”必然采取相应的行为模式。在现实世界和虚拟世界之间存在着空间和行动者行为的转换，从现实生活中分析，青少年会塑造出符合自己的、向往成功的一种理想角色和理想地位，并且伴随一种对于成功的期待。而游戏中“警察”是一种正义、成功的化身和象征，“土匪”虽然是反叛的代表，但是游戏中“土匪”如果能成功打败“警察”，游戏者同样能满足成功的心理。青少年通过扮演一种成功的角色来实现自身理想角色所带来的荣誉感，这就是网络游戏世界中虚拟角色互动的特殊功能，实质上是社会角色在虚拟世界中的“亚实践”。从本质上讲，虚拟世界中游戏玩家之间的互动是现实世界中人际互动的再体现，通过网络游戏这种特殊的空间，可以实现角色转移，以一种虚拟的方式实现自身理想角色的获得。虚拟的网络空间互动形式的特性提供了现实中并不可能存在的互动方式，这就很大程度上促使青少年网络游戏行为保持着不同时点的可持续性。再者，游戏中各种角色身份体现了一种地位和行为，青少年游戏玩家扮演不同角色的同时，实现了社会角色的功能。

总之，网络信息技术所提供的大量新的传播手段、丰富的信息资源、多元文化形态、平等参与机会正影响着青少年的思维方式、生活方式和行为方式，对其个性的完善和社会适应能力的发展起到推动作用。如同经济全球化一样，信息网络化也以不可阻挡的势头进入我们生活的各个领域，有些已经成为生活的一部分，使我们的生存、生活方式发生许多根本性变化，为国家的社会经济发展带来很好的机遇。信息网络化如同任何一些新生事物、新技术的出现一样，都会带来新的问题，如同一把双刃剑，既产生全社会信息共享、信息畅通，政务公开，加快对传统工业进行信息化改造的有利一面，同时也会对青年人精神状况产生不可忽视的负面影响。可以肯定的是，任何新生事物、新技术的出现都是具有强大生命力和不可抗拒的，我们无论站在怎样的高度，对它的出现，带给人类社会的巨大影响都无法做出准确的评价和判断，信息网络化过程带给人类社会的进步是巨大的。

## 第二节　网络对青年的负面影响

不可否认，信息网络化带来许多新的、不可预测的问题和变化，如国别疆界在信息网络化过程中淡化，信息垃圾大大泛滥，色情网站无孔不入，不少青少年沉湎在网吧之中，使得这部分青少年的身心健康和发展受到严重影响。在虚拟世界中，人们的思维也出现许多新的变化，情感出现许多新的困惑，真实、诚信等道德观念受到挑战，一些不可张扬的欲念找到了宣泄的渠道，黑客的入侵、攻防扰乱了信息社会的正常秩序，网络犯罪不断出现，这些网络问题对青少年产生的负面影响，引起了社会的焦虑。实际上，网络信息生产激增和信息流速加快，大大超出了青少年个体处理和利用信息的能力，对青少年产生严重的负面影响。

## 一、网络伦理问题日益突出

与传统社会相比，网络社会的道德对主体性的要求更高。传统社会由于受时空的限制，交往面狭窄，在一定的意义上是一个熟人社会，依靠熟人、朋友、亲戚、邻里、同事等的监督和社会舆论的评价，人们的道德意识较为强烈，道德行为也相对谨慎。但是，这种道德是一种他律的道德，而网络社会更多的是非熟人社会，在这个以技术为基础的，没有人管理和干预的网络社会中，要求道德行为有更高的自律性。匿名的交往环境下，社会规范的约束消失，个人也无法感受到他人舆论道德的压力，因此，更易把网络当作发泄个人欲望的场所，从而做出违背公德的行为。

由于网络的超时空性、虚拟性和无规范性的特点，网络对青少年的学习方式、交流手段和生活习惯等方面产生了巨大影响，青少年将面临非主流意识形态文化的渗透和潜在影响的威胁，网络对青少年的思想和行为方式、道德意识、人生观和价值观造成前所未有的冲击。青少年认知能力和自我统一能力还不强，主观自控能力较为薄弱，容易受外界因素干扰，加之现代社会人们的生活节奏加快和学习压力增大，不少青少年遇到问题不愿同亲朋好友倾诉，更不愿与陌生人面对面谈，那么，网络的出现给他们提供了便利场所。正由于网络的匿名性、平等性、虚拟性，容易使青少年对自己的知觉结果产生新的认识和新的价值观定位，从而有的人会把匿藏在内心深处，在现实中不敢显露的，如偷窥探隐欲、凶残好斗、喜恶作剧等不良嗜好表露在无人监督的网络里。青少年在上网过程中，很容易忘掉自己的社会角色，抛弃自己的社会责任和已有的道德观念，做出一些平时不可能也不敢做的不道德和违法行为，如发表不满言论、散布虚假信息、进行人身攻击甚至是网络犯罪等。在网络这个虚拟空间里，给居心不良的人提供了一块很好的“作案场所”，也因此随之产生了大量有悖于网络道德的案件。

在网络游戏中，金钱和武力通常是最关键的角色，有钱也就意味着武力的提升，有钱可以提升级别，有钱可以改良角色的装备，于是在游戏中也就有令其他人称羡的实力，有实力的玩家可以通过强行杀死对手来制裁实力弱的玩家，也就是具有了生杀权利。这里没有了正义与非正义的区别，或者说对玩家来讲，会认为有钱和有实力者就是正义方，强权就是正义。游戏中玩家具有不同等级，高低不同的称谓，等级高的就具有高级的称谓，这就突现了等级差异和等级压制，这种压制就是武力的压制，让玩家形成的观念就是：有实力就有地位和权力，而实力最终也取决于金钱。其结果不利于青少年平等、民主观念的形成。虽然网络游戏中“虚拟财产”本身只是通过电磁记录的数据，但由于这些财产在游戏中具有与现实生活中同样的作用，所以这些财产也就具有了价值意义，并且由于其在游戏中的可用性，使得这些虚拟财产可以在现实中进行交易，并转化为现实财产。由此催生了虚拟财产的离线交易、游戏账号的转卖以及游戏代练等现实商业行为。但由于网络匿名制，以及游戏中诚信机制的不健全，一些人运用不正当手段争夺游戏中的财物，比如盗用他人的游戏账号或者骗取虚拟及现实财物等。以骗取财物为例，这在游戏世界中不触犯任何条例，虽然遭游戏运营商的管制，但他们也无法取证和处理，只能告诫受骗者小心。而骗子骗取得手再更换账号之后，完全就没有人知道他是谁了，他用一个完全新的身份再进入这个世界。另外，某些游戏可以学习偷盗的技能，也就是说可以通过学习这么一个技能而获取财物，还可以通过强行杀死别的玩家，而获得其身上一定的财物。这些对玩家的影响是负面的，现实生活中因为网络游戏而导致的网络犯罪、抢劫、偷窃的案件逐年上升，可以说，网络游戏为大众带来了娱乐，也为腐化青年思想和道德败坏提供土壤。

## 二、虚拟生活与现实生活错位，易形成双重人格

所谓双重人格是指同一个人在不同的时间内产生两种完全不同的内心体验，表现出两种不同的独特人格，也就是两种不同的人格在同一个人身上先后交替出现。当一种人格占优势时，另一种人格特点就部分的甚至完全被排除在他的意识之外。网络双重人格就是一个人在网络中的表现与其在现实生活中的表现有很大的反差，甚至判若两人，现实生活中的真实的人与网络中的虚拟的人无法重合，不能互相印证，从而导致双重人格。网络中，网民习惯于利用电子文本的方式创造出一个与现实“我”存在某些差距的网络“我”，这个虚拟的个体可能是完全不存在的，所提供的资料都是现实中无法证实的；也可能既具有某些真实个体的特点，也具有某些个体理想化编造出来的因素。个体可能在现实中积极、友好、顺应社会和有规可循，但在网络中可能是消极、攻击、反社会和杂乱无章。同时，它们又是相互独立，保持彼此的稳定性。

网络交往毕竟不是现实生活中的交往，他们完全按照自己的意愿做自己想做的事，几乎没有克制与约束，处于失控状态。这种心理迁移到现实中会带来他们对现实生活的适应不良。网络上有着各不相同的虚拟情境，当这些情境与现实发生重叠时，青少年会感到无所适从。美国心理学家埃里克森（Erikson）认为，12—20 岁的青少年面临的冲突是“同一性（Identity）与角色混乱（Role Confusion）”的矛盾。当网络屏蔽了青少年与现实生活的联系时，他们会以为“网络之镜”中的他们就是真实的生活，从而迷失了方向，造成了青少年角色认同的混乱，不能理性地行使现实生活中的角色。美国匹兹堡大学心理学家金伯利·杨格的调查结果显示，青少年网络心理的主要特征为：开始先感受上网的无穷乐趣，通过上网逃避现实，下网后烦躁不安，为享受上网的乐趣而不惜支付巨额的上网费用。有的宁可荒废学业，也要与网络为伍。这种人格问题是由依赖虚拟现实并由此忽视了现实的存在造成的，或是对现实生活不再满足，常常导致离开了网络以后，现实生活中的身份丧失，出现角色混乱、反社会人格偏差等。众多心理学者认为：网络在缩小人与人之间的空间距离的同时，无情地拉远了人与人之间的心理距离，并引发了许多心理危机。青少年的网络双重人格主要是对网络人格的虚拟化，即凭空想象出自己所希望的、感兴趣的或者好奇的人格特质，并以此作为网络交往的基本个体特征，如同自己真的拥有这些人格一样。久而久之，这种虚拟人格固定下来，在心理上形成某种程度的分离。网络人格一旦形成，往往进入潜意识的层次，使现实人格有时也难以觉察到它的存在。如同多重人格中的后继人格一样，它总会寻找机会展示作为“另一个主体”的“真实”存在，表现出让现实人格也觉得不可思议的行为特点，并强烈抵御企图消灭它的一切努力。

现实中，人们注意到很多青少年在生活中循规蹈矩，但是，在网络中却是截然不同的“另类”。这表明，青少年最容易受网络双重人格的困扰，使他们的态度发生很大变化，社会化程度受到严重影响，也给个体心理健康带来障碍，甚至表现出明显的攻击倾向和反社会行为。

## 三、网络成瘾，将影响青少年的社会化进程

1994 年，美国心理学专家金伯利·S. 扬将借助网络而成瘾的现象归为一类，“网络成瘾”（internet addiction，简称 IA）成为一种医学和心理现象的表述。所谓“网络成瘾症”，是一种过度使用互联网行为的心理疾病，最为严重时无法摆脱时刻上网的念头，因此，又称为“电子海洛因”。目前，网瘾在上网人群中发病率越来越高，据中国青少年网络协会发布的《中国青少年网瘾数据报告》调查结果显示，2005 年我国网瘾青少年约占青少年网民总数的 13.2%，并且除了现有的数量庞大的青少年网瘾群体外，在非网瘾群体中，另有约 13%的青少年存在网瘾倾向。中国青少年网络协会发布的《中国网络青少年网瘾调查数据报告》显示，2011 年，我国网络青少年网瘾的比例高达 26%，网瘾倾向比例高达 12%。

计算机网络创造出来的虚拟环境，使人进入到一个从未体验过的世界，激发起人们强烈的好奇心。青少年正处于求知欲旺盛的时期，他们对于外界的各种新鲜事物都充满了好奇。相对传统媒介而言，互联网作为一个新兴事物更能吸引他们的目光。青少年身心发育尚不成熟是导致

易上网成瘾的主观原因，他们自控能力欠缺，认知能力有限，一旦上网往往可能被网上光怪陆离且层出不穷的新游戏、新技术和新信息“网住”。虚拟交往为网民创造了一种直接、开放、平等、自由亲切的交往环境，这与现实中受到种种限制的交往形成了鲜明对比。在网上人人平等，互联网上有一句话：没有人知道你是条狗。许多青少年为此痴迷而变成废寝忘食的“网虫”，整天与虚拟环境、虚假人群、虚幻事物打交道，当他们面对现实社会生活时，往往会无所适从或无能为力。美国曾做过一项调查，发现上网的时间越长，人越感到沮丧和孤独。在虚拟环境中漫游旅行，长期与网络打交道，失去对周围现实环境的感受力与参与意识，就极有可能导致青少年形成孤僻、冷漠、紧张、不合群、缺乏责任感和欺诈心理，不利于青少年良好人格的培养和健康成长。青少年网络心理的主要特征为：开始先感受上网的无穷乐趣，通过上网逃避现实，下网后烦躁不安，为享受上网的乐趣而不惜支付巨额的上网费用，有的宁可荒废学业，也要与网络为伍，忽视了现实生活，并由精神上的依赖发展为躯体上的依赖。网络成瘾会影响到成瘾者的心理品格和人际交往，容易引发道德失范，表现为粗言恶语、虚拟性爱、浏览网络色情影视等，可能诱发社会犯罪。网络成瘾的危害还表现为躯体疾病，如视力下降、脊柱弯曲、营养不良、情绪低落、疲乏无力，能造成植物神经紊乱，体内激素水平失衡，使免疫功能降低，引发各种疾患，甚至可能导致死亡。

不同网络成瘾者参与不同的网络活动，其满足的需要也是不一样的。根据不同的网上活动及其满足的需要，大体可以将网络成瘾分为五类：1.网络性成瘾，这类网络成瘾者主要活动是下载、观看色情作品；2.网络关系成瘾，这类网络成瘾者主要通过网上聊天形成网友关系，并把这类关系看得比现实的亲友、家庭关系更重；3.网络游戏成瘾，这类网络成瘾者把大量的时间、精力和钱财花在游戏中，并从游戏中获得成就感；4.信息收集成瘾，这类成瘾者花费大量时间在网上查找和收集信息，伴随有强迫性冲动倾向和下降的工作效率；5.计算机成瘾，此类成瘾者沉迷于电脑程序性游戏以致影响了正常的学习和工作。大部分网络成瘾的青少年属于前三类，而其中又以网络游戏行为最为突出。

目前，80％的游戏软件产品来自境外，网络游戏软件大多内容涉及暴力、色情等内容，是以攻击、战斗、竞争及各种诱惑为主要成分，以飙车、砍杀、爆破、枪战、情感为主要形式。火爆刺激的内容容易模糊道德认知，淡化游戏虚拟与现实生活的差异，误认为这种以通过伤害他人而达到目的的方式是合理的，因而引发心理失衡、道德失范、行为越轨。游戏中没有统一的规则，没有价值标准，每一个人都可以以自我为中心，独树自己的价值观念。因为没有政府，也就没有相应的法律，相应的制裁，侵害别人的人没有什么惩罚，受到侵害的人则无法心理平衡，那么导致的情况就是以恶治恶，你对我恶，我也对你恶，甚至变本加厉的恶，以至于形成恶性循环。这种无道德准绳的行为模式与现实中以法律和传统道德为准绳的模式大相径庭。有些玩家受到网络游戏的影响，在现实中依然模仿游戏中的做法采取以恶治恶的行为方式，一些因为无法在虚拟游戏世界进行报复的玩家，转而在现实中进行报复，但这时候他们面对的就不再是那个无政府和无法律制裁的虚拟世界了。

## 四、网络性泛滥：青少年越轨文化

在中国的家庭和学校中，性是个禁忌的话题，早恋现象更是被视为洪水猛兽。然而，青少年性生理和性心理逐渐成熟，他们有性的需要。网络为满足这种需要提供了便利，不必忍着羞愧开口要求，不必冒着风险偷偷摸摸，他们只需要动动手指，便可能接触到黄色音像、淫秽图书。缺乏自制力，又对性充满好奇的青少年只要沾上难免着迷。有人统计过，每天黄色网站的点击率是各种网站点击率中最高的，而青少年网络性成瘾的比率也是比较高的。

### （一）网络裸聊

聊天室是随着网络的发展而出现的交友聊天工具，然而现今出现了大量的色情聊天室，里面有挑逗的话语，裸露的视频。这是以青少年为主要参与对象，以裸露胸部、臀部、阴部为主要特征，以利用网络视频聊天工具实时进行性交流为目的的聊天方式。时下比较流行的网络视频聊天工具主要有：腾讯QQ、雅虎通、MSN、视频聊天室等。网络视频通讯响应速度快、信号传输稳定、视音频格式广泛支持，具有强烈的交互性，这正是网络裸聊的魔力所在。从根本上讲，“裸聊”主要可分为三种：第一种，面对点式，带有鲜明的违法性质，即不法之徒在网上组织单方面的淫秽表演，吸引网民通过付费方式参与视频观看，从而牟取暴利；第二种，网络公共会议式，即违法分子利用网络聊天工具，互相进行色情表演，网民一般都可以看到，这和在公共场合进行此类活动无本质区别；第三种是点对点式（也称一对一式），这种方式一般限于两者之间，网络聊天的双方相对隐蔽，别人看不到，裸聊的动机可能有别于前两种情况。一些不法分子利用网络视频技术，在网上大肆招揽会员参与裸聊，传播色情信息，严重污染网络环境，损害青少年的身心健康。

### （二）网络同居

安东尼·吉登斯将同居界定为一对男女并未结婚，但以性关系方式居住在一起。吉登斯认为，同居是婚姻的一种替代形式，在英国大多是作为婚前的一个实验性阶段。改革开放以来，伴随着中国的社会转型，欧美国家的性解放潮流与中国传统的性观念产生了某种程度的冲突和碰撞，网络就成为青少年探讨婚姻与性的一个平台。网络同居成为一种潮流或者时尚，引发青少年群体之间的相互模仿。“网络同居”起源于台湾某网站推出的“同居理想国”游戏，该游戏传到内地后，网络游戏运营商看到了蕴含其中的巨大商机，便竞相仿效，乐此不疲。目前，国内提供网络同居平台功能的网站已如雨后春笋，参与网络同居生活的网民更是不计其数，其中“第九城市”和“网上人家”两家网络社区里网络同居的人数最为火爆。现在在网上可以很容易地找到许多家在 10 分钟内完成“结婚”的网站，网站里虚拟街道、建筑物、购物店、婚姻介绍所应有尽有，“结婚登记事宜”中有性别、年龄、家庭关系等细则，结婚后可以拥有“我的家”，“家”中有客厅、卧室等，还可以根据自己的兴趣“生育孩子”。在游戏中，生出的孩子由于是玩家控制的角色，往往只是玩家的宠物而已。在虚拟的网络世界里没有社会舆论的压力和婚姻道德的约束，每个人拥有了更大的自由，可以大量地复制自己并同时与许多人进行情感互动。“同居”一段时间后，双方若觉得性格不合、志趣不投，还可以申请离婚，然后恢复单身生活。假如又一次遇到了意中人，也可以再婚。在网上，就算你“脚踏几只船”或是“妻妾成群”，也不会受到丝毫的道德谴责。网络同居之所以会受到众多青睐，是因为它为人们提供了一个自由想象的平台，两个素不相识的人在一个虚拟的空间里营造小家庭，“同居”双方没有任何实际接触，仅仅借助想象力，通过极富修饰性的文字符号，按照自己的直觉和希望来设计完美生活。在这里，个体不必担心角色扮演的失败和暴露缺点，不必考虑自己和对方的社会地位、经济势力、文化差异等社会现实中无法回避的因素，也无需顾忌世俗的偏见和利益的冲突，避免了现实世界的危机和压力。

从消费结构来看，网络同居应该可以看成是性消费的一种替代形式。成本低廉且时尚的网络同居消费给他们带来了超值的精神享受。从网络同居的特征来看，其发展过程具有强烈的虚幻性、神秘性、自由性和匿名性，尤其是网民可以随心所欲地通过语音或文字交流来满足自己性沟通和性幻想等方面的需要。玩家可以对包括婚姻在内的任何虚拟事件拒负责任，轻易地将婚姻视为儿戏，违背了传统伦理道德。网上结婚是一种有意识的角色扮演，对青少年的价值取向和审美取向产生影响，很容易让青少年曲解婚姻。同时，带来了一些对现实日常生活状态信任降低、延迟满足能力差、道德认识模糊的征兆。

### （三）网络色情文化

网络虽然具备媒体出版的一些特征，具有信息交换与获得的途径，但是缺少信息纪录，没有传统媒体的审查监管体系，很容易出现披露隐私、发布黄色非法色情、谩骂与张贴虚假信息等问题。如“木子美”、“竹影青瞳”分别在Blog上发布带有个人隐私的内容；广州某中专生利用郑州网站论坛主页隐藏涉黄的国内首起网络传黄案——“酷美女网际乐园案”；“蓝天网吧”事件中网上拍卖女大学生为“妓女”引发纠纷案；某高中生制作淫秽网页，在网络论坛上传播淫秽图片——“多来米”网站免费提供色情图片案、“性爱小屋”淫秽网页案；性变态网上征友案、网络性骚扰案等案件，引发人们对网上论坛（BBS、BLog）如何管理之争议。从“内衣MM”，到美女脱衣游戏，再到网上大肆叫卖的色情钥匙扣，无一不透出色情文化的气息。

网络色情文化包括：（1）成人小说，实际上是一种色情文学。如果在百度和谷歌上打入关键字“成人小说”搜索，百度显示，找到相关网页7 460 000篇，谷歌上显示有349 000项符合成人小说的查询结果。其中不乏有“成人小说论坛”（http：//www.mmqi.com/）这种色情文学的大型“集散地”。（2）黄色电影，网络是一种共享资源，发布在上面的信息大家可以共同享用。现今有方便的下载工具，可以快捷地下载黄色影片。（3）色情网站，上面有大量的色情照片，一般还连接有大量的色情影片。（4）色情博客，博客是网络上新兴的一种事物。国外的网络研究学者相信，色情博客正促使网络色情行业跨入黄金时段。Web 2.0强调用户参与，头一批造就的正是一批色情博客。

青少年沉溺于黄色网站危害极大。他们会迷失于虚拟世界，与现实世界产生隔阂，影响正常的认知、情感和心理定位，还可能导致人格分裂，表现在日常生活和学习中，就是举止失常、神情恍惚、胡言乱语，性格愈加怪异。色情文化的大肆传播，不利于青少年人生观的塑造，使青少年身陷“色情场域”，性规范变得模糊、混乱和趋于多元化，失范现象也应运而生，进而造成青少年社会化中出现偏差、失败及种种变态现象，其中最典型的就是青少年的性越轨。

## 五、网络犯罪：成为一个严重的社会难题

正如恩格斯所言："人类每进步一次，就加大一步对自己惩罚的力度。"互联网在给人类自由发展带来福祉的同时，网络犯罪也悄然而至，给人类社会带来了巨大的危害。当今，网络犯罪的一个显著特点就是犯罪主体多以掌握网络知识技能的青少年群体为主。

### （一）以网络为媒介的"一夜情"等现象

据统计，目前中国人发生"一夜情"的认识途径，有三分之一是通过网上交友，四分之一是通过网站的聊天室。从中可以看出网络成了寻找、认识、发掘"一夜情"对象的重要途径。同样，网络也能成为"卖淫女"寻找嫖客的重要途径，她们多以"援助交际"的形式出现。"网络强奸"犯罪是罪犯在互联网上以交友为名诱骗女孩上钩，然后将对方约出来伺机进行强奸的犯罪行为。据不完全统计，有60%的青少年无意中接触到网上的黄色信息，而接触过网上黄色信息的青少年90%以上有行为动机。也有青少年由于受网络的影响而在现实生活中盲目模仿、追求，导致种种畸形生活方式形成。

### （二）网络犯罪行为

以计算机及其网络技术为核心的信息技术在全世界迅速发展的同时，计算机及其网络越轨行为也正在急剧增加。青少年网络犯罪是指作为主体的青少年在互联网上通过网络编程、网络加密与解码等网络技术实施的对网络信息系统及其存储、传输的数据信息进行攻击或者利用计算机

网络系统为犯罪工具故意或过失地实施的严重危害社会，应受刑法惩罚的行为。青少年网民长期受网上大量不良信息的诱惑，极易导致心理偏差，在贪利、聚财、侥幸、猎奇心理；逆反、冒险、挑战和寻求刺激心理；泄愤报复社会等自身心理因素和社会不良风气驱使下，铤而走险，网络犯罪层出不穷。

计算机犯罪和网络越轨对经济发展、社会安全以及文化道德等构成严重威胁。青少年越轨与犯罪现象已成为我国社会中一个相当严重的社会问题。目前，青少年网络犯罪日益呈现出犯罪主体低龄化；犯罪手段隐蔽化、智能化；犯罪规模集团化、跨国化；犯罪客体多元化；犯罪危害性极强、破坏性极大的特征。

### （三）网络暴力行为

在游戏中由于升级的要求和玩家之间的冲突，通常会伴随着杀怪物、杀人，而在游戏中杀掉一个人，那个人并不会就此消失，而是一直存在，只是损失一定虚拟的财物。这会树立一个极不好的人生观，即认为杀人并不是什么大不了的事情，反正被杀的人还是活在游戏中的，只是损失点钱而已，所以即使杀人、自杀或者见死不救，都没什么大不了，反正没多大损失，心情不好就可以随便杀个人或者自杀来发泄。与虚拟世界不同，人的生命的丧失在现实中是不可逆的，自杀、杀人乃是对人的生存价值的直接否定。

玩网络游戏的主体大部分是青少年，自控能力比较差，一旦沉湎网络游戏，就很难分清网络与现实之间的区别。砍杀、枪战的刺激内容容易使游戏玩家模糊道德认知，模糊了虚拟游戏与现实生活的差异，没有意识到生命的不可挽回和珍贵，以及误认为通过伤害他人而达成目的的方式并不违法。比如就有因为网络游戏而“舍生取义”的跳楼少年，甚至还有年轻人模仿网络游戏中的杀人场面杀死流浪儿童。

在美国的一项研究中，58%的网络影视节目中包含着暴力情境，其中又有78%的节目中对这种暴力无谴责、无批评、无刑罚，那么可以推定青少年在接触网络暴力亚文化时，就会认为暴力是一种与他人交往时可以被接受的方式，从而意识不到暴力的反社会性、违法性、受制裁性，这就降低了自我抑制力。网络暴力亚文化传递着一种推崇暴力的价值观、规范和角色模式，由于青少年的好奇心，他们会留恋于网络暴力的情境中，学会通过暴力解决冲突的方式，进行积极的模仿，获得错误的态度和价值观念。过多接触网络暴力亚文化会导致不成功的社会化，低估社会规范压力，产生越轨行为。

由于网络社会自身的不成熟性和脆弱性，网络社会规范的缺位或不健全大量存在，被整合而入的人的社会行为常常会出现“失范”或“越轨”现象，其结果在宏观层面上的突出表现就是大量网络社会问题的滋生。因此，网络社会问题的出现本质上是网络社会结构本身缺陷的表现，它与网络社会行为和网络社会变迁中结构错位、关系失调、功能障碍、行为失范等因素有关。网络社会问题的出现可以说是网络社会形成中的不成熟表现，它在一定程度上反映了信息化、网络化等高新技术给现实社会所带来的负面效应及信息社会、网络社会自身发育的不完善性和脆弱性。伴随着社会信息化、网络化的发展，网络社会问题存在是客观的和必然的。而且，网络社会全球性的这一特性，使得网络社会问题在本质上已构成一种全球性的社会问题。

## 第三节　青少年网络保护刻不容缓

网络是一个非常自由的空间，人类的文明在这个空间里不断地向前推进。然而，伴随而来的一个副产品，就是网络的无序性，网络伦理问题也日益突出。网络犯罪的危险性和破坏性在增大，网络的负面影响还对青少年的思想道德意识、人生观和行为方式造成前所未有的巨大冲击。我们分析其中的生成因素，对青少年网络保护会起到重要作用。

### 一、加强与完善网络监督管理措施

教育环境安全隐患。在电子信息时代的大环境下，电脑和网络成为青少年不可或缺的学习工具，但缺乏老师和家长有效引导的中学生则更多地是把电脑和网络当成一种娱乐工具。现在的青少年多为独生子女，且城镇居民以楼房式独门独户的家居结构为主，不利于青少年与同龄伙伴的交流。青少年学习压力较大，为宣泄心中的苦闷，逃避不愿面对的现实，往往在网上寻求安慰、刺激和快乐，以宣泄平时的压抑情绪，迷恋于网上的互动生活。目前，网吧遍布大街小巷，尽管有关部门出台了一系列禁止未成年人进入网吧的条例，但在实践中对网吧尚缺乏有效的管理措施。富有互动娱乐性的网络游戏和网上聊天室对青少年有着极大的诱惑，促使他们将网吧当作乐土。

网络规范管理的缺席。网上交往的虚拟性和不确定，必然会削弱外在约束功能，同时也弱化了内在的自我约束机制，上网之时如入无人之境，非道德活动大肆盛行。传统交往中应遵守的真诚、信义、责任等价值标准在网上大大降低，随意交往、自得其乐、为我所用、不计后果等在网上大为流行。在网络这个自由、虚拟的交往空间中，个人本位主义与自我中心主义极易膨胀。由于不担心承担责任，无法辨认主体的真实性，这种思想与行为更加猖獗，达到超空间的释放。而网络中的规范没有建立，到目前为止，这是困惑教育者、管理者和青少年自身的问题。

扫黄中的盲点。由于网络色情在互联网上的出版印刷无法控制，我国多倾向于上网终端控制，包括网吧、在公共场所（学校、图书馆）上网电脑、在办公场所以及在家中的上网电脑。前三类为公共电脑，第四类为私人电脑。控制公共电脑，禁止或阻断网民访问色情内容，为大多数人所接受。控制私人电脑，实践中出现了建议或要求家庭互联网用户安装过滤软件的可取做法，也出现过不区分成年人与儿童，二者均不得接触色情内容的情况。分层控制缺乏程序保障，在现实生活中是不适用的。

网络经济与技术问题。网络沉迷问题上还有一个虚拟财产的问题，比如外挂太多造成游戏的不公平问题。外挂是一个程序，相当于黑客。网络游戏分为客户端和服务器端两个部分，玩家在服务器端相互交汇。一些高明的玩家善于在服务器端找程序漏洞，然后修改、作弊，使玩家更容易升级，升级多可以带“物品”，然后卖给其他玩家。这就造成了玩家的不公平问题。而如果有人想尽快升级的话，就要用现金买他的点卡。

因沉迷网络游戏不能自拔，自尽行为时有发生。网络游戏的设计理念就是引人上瘾，青少年的世界观和自制力都尚未成型，他们终日沉溺于网上情节，像吸毒一样上瘾而无力自拔，将虚幻世界与现实世界混淆。这些问题目前还没有相应的技术控制。

## 二、消除社会文化环境中不良因素

网络亚文化群体。青少年身心各方面有了全面的发展，而自我意识在这一时期的飞速发展更是被誉为第二次飞跃。在现实中，他们是不自由的，或者说只有很少自由。在学校里，各种校纪校规很严，在家里，往往由父母作主。而网络的匿名性使青少年在网上享有无限的自由。网络文化本身就是一种亚文化，允许使用者体验创造快感，以他们自己的行为方式创造着他们的文化认同，表达着独特的社会权力及影响。网际互动的匿名性和隐藏性与一些难以融入主流文化的亚文化青年群体的认同需求不谋而合。这些亚文化群体的行为有一些共同的特征，如怪异性、反潮流、非正常心理等，他们在现实生活中属于少数青年群体。由于人们普遍认为他们的行为不符合社会主流价值标准，甚至可能危害正常的社会秩序，所以，他们很难进行群体的交流活动。这些现实的“压制”使亚文化群体对网际互动倾注了极大的热情。如黑客、同性恋者、神秘主义者和各类瘾君子等纷纷上网呼朋唤友，在网上建立各种网站，进行交流或者在网下聚会协作行动等。简言之，网络所带来的自由度，使网络亚文化群体找到了一种低成本扩张的捷径。

多元文化的冲突。我国正处于社会转型时期，随着经济体制、政治体制、社会阶层、生活方式、思维方式等的不断变化，新旧理念、行为不断碰撞，矛盾冲突不断涌现，社会生活各个方面的价值不确定因素迅速增多，这必然导致青少年人格的发展在价值观上产生困惑和彷徨。青少年思维比较活跃，追求反叛，在确立自己的价值观之前，常常有意无意地以自己的方式发现和检验各种外在的价值信条。由于他们缺乏分辨价值体系的内在客观标准，在多元价值冲突的时候往往容易迷失自我，无法明确自己的人生目标。网络是个大杂烩，是多元价值体现得最为明显的地方，因而他们选择在网络中寻找“另类”的快感。受西方哲学与当代心理学思潮直接或间接影响，那些以“文化新人类”自诩的青年认为以人为本、张扬个性，就是随心所欲，爱干什么就干什么，别人无权干预我的选择，从而忽视了人的社会属性。因此，帮助青少年正确了解后现代主义哲学与人本主义心理学思潮是有效控制与减少当代大学生怪僻行为与逆反心理的重要手段。

对于社会规范的不够尊重。在现实生活中并不是人人都能够严格遵守社会秩序，比如交通规则问题，闯红灯现象还是一个要下大力气改正的习惯。那么，网络用户具有的匿名性可以使他们在网络上受到比现实社会少得多的社会规范的约束。因此，他们可以对自己的言论不负责任，可以在网络上任意传播信息。同时，人们是通过别人的评价与判断来断定自己与社会规范的差距来深化对于社会规范的认识的。然而，网络上的言论、信息很少受社会规范的约束，如果根据网络上关于社会规范的言论、信息来对自己进行判断是不行的。

## 三、强化对青少年的教育引导

### （一）指导青少年网络交往

网络交往的巨大魅力吸引了越来越多的青少年，广阔的空间使他们不再受繁琐的条条框框限制，不再担心是被动的接受者，不再担心自己的观点孤立，他们可以畅所欲言，最佳化地表现自己。但网络交往毕竟不是现实生活中的交往，如果陷入其中，就会产生负面效应。网络人际信任是没有系统（法律规范等）保障的陌生人之间的人格信任。在网络中发展出来的关系，也是双方在时间精力上巨大投入的产物，关系越深，投入越多，失信于对方，放弃这种关系，也意味着双方在时间精力上的巨大浪费，这对双方都是不合算的。因此，在网上发挥作用的关系虽然不具备与关系网络类似的约束功能，但仍然能够对交往双方的信任起到一定的保障作用。没有系统的保障，没有现实的人际约束，单纯依靠软性的人格因素，网络人际信任必定会面临比现实更大的风险。网络交往中由于交流信息的部分缺失，人与人之间缺少了可识别身份的社会情景暗示，人们只能从计算机屏幕上闪现的文本去判断他人，因为缺少了必要的交流信息，人与人相互所留下的印象也是不完整、不真实的。缺少这种非语言行为暗示，信息的发出者很难通过信息表达某种情绪，交流者享受更多的自由却较少得知对方准确的个性定位。在网络这种特定的交往环境下，信任既缺乏约束机制的保障，同时又更容易表现为一种深层次的人格交往。因此，在网络中，一方面是深层次交往导致的轻信受害现象，另一方面又因为约束机制的缺乏，造成了网络人际交往中大量越轨行为。

法国思想家、精神分析学家雅克·拉康提出了著名的“镜像阶段”理论。拉康认为，形成“镜像阶段”的前提，是匮乏的出现、对匮乏的想像性否认和欲望的产生。[①]青少年沉迷于网络交往主要是因为存在现实中的交往问题，在这一方面，现实生活还没有给青少年一个更好的方式。退一步讲，网络交往中的青少年也没有得到相关人员的切实帮助和及时指导。

**(二) 关注青少年心理发育**

青少年处于身心发展的特殊阶段，他们更加关注自我，自我意识强烈。但由于在现实中的言语和行为受到多种现实规则的束缚，因此，常常会表现出与成人、朋友及社会环境之间种种的心理冲突和矛盾，产生心理上的不平衡。网络成瘾的青少年往往具有抑郁、内向、自卑等人格特点。但是，在网络中他们可以作为一个完全不同于实际生活中的“我”而存在，弥补在现实生活中的失败，获得心理上的满足感，所以，他们更易于在网络中寻找社会支持和安慰，进而导致了对网络的依赖。网络中，人们容易并可重复达到自己的目标，不需要过多的精神、金钱和体力的投入，量的积累甚至达到了质上替代真实性目标的程度。一旦个体自身对于这种可重复的目标产生迷恋，其真实性目标就会被边缘化和虚无化，网络使用者已经不能分清虚拟和现实的轻重。

虚拟的世界能够得到暂时的满足，却不能得到真正的满足。网络可以模拟现实，可以在某种程度上满足现实的需求，但是不能真正解决现

① 张一兵：《拉康镜像理论的哲学本相》，《福建论坛（人文社会科学版）》2004 年第 10 期。

实问题。青少年即使沉迷于网络游戏，也不会将网络游戏世界当成真实世界，不会将现实世界中所有期望寄托于网络游戏之中。在这个虚拟世界中，任何一个游戏者都难以获得他在现实世界中生存所需要的东西。一旦从网络游戏中抽身而出，他就必须面对真实世界。因而，需要关注的不仅是青少年是否会把现实的诉求带入网络游戏，是否会沉迷于网络游戏世界，而且是青少年是否会将现实世界看作是虚拟世界的延伸，影响到现实的角色定位和角色选择。

现在的青少年多为独生子女，他们既要面对社会的转型与传统价值观念的裂变，同时，社会对每个人都提出了越来越高的要求，竞争的压力在青少年身上体现得相当明显，升学、竞赛、职业等都令他们不由自主地产生压力，紧迫意识、危机意识明显增强。这使他们有强烈的叛逆感、异化感，不少人现实生活中由于社交面太窄，缺乏知心朋友，这就必然会造成情感的空虚和寂寞。青少年需要缓解和释放心理压力，但是家长、学校和社会的高要求使他们平时不敢也没有机会有所表现，就只好借助网络把自我中有些部分体验成为客体，到网络中寻找精神寄托。因此，青少年心理问题的种种表现需从我们教育体制的根源上和一些心理教育的无作为上查找原因。

**（三）推广青少年家庭教育**

在现代家庭中反哺文化盛行，传统的顺向社会化已经发生了变化，思维活跃的青少年往往首先把握了最新最有效的知识技术，然后会向成人延伸。这种状况使家长的权威受到了挑战，不满足现状的青少年不得不向外界尤其是信息容量大的网络集中。而代沟的进一步扩大使青少年与家长之间的有效心理沟通逐渐减少，相反，相当一部分心理冲突来源于家庭，在不少家庭中孩子和父母之间常常缺乏交流。青少年有一种强烈的独立意识，经常与成人进行反抗和抵触，同时在心理上闭锁倾向加强，不愿意向别人倾诉。但是，青少年仍然具有很多依赖性，尤其是精神上的理解、支持和保护。发展期间遇到的问题也使他们希望有人来帮助、关心，孤独和寂寞使他们急需得到有效的心理引导。心理的家庭保健功能降低，渴求理解和宣泄的青少年便纷纷转向网络寻求情感支持。

## 第四节　构建网络教育管理体系

未来一定时期内，青少年网民和玩家数量还将快速增长，网络产业特别是网络游戏产业还将快速增长，因此，为青少年创建绿色网络空间是全社会面临的严峻挑战。

### 一、出台适应现实需要的网络法规

由于我国尚未出台正式的网络法律，网络政策的建设还局限在法规建设范围，并且，网络法制法规存在着针对现实问题的覆盖范围不足的问题，我国网络信息立法存在失衡现象，即偏重于网络管理、网络及其信息安全两大方面，不能覆盖网络产生的各种法律现实问题，许多重要而实际的网络问题缺乏法律引导和规范。因此，要建立适应现实需要的网络法律规范、有关标准和管理措施、产业政策等。建立细则，继续以全国标准为法律标准，不能授权各省、直辖市、自治区制定实施细则。尽快出台国家标准的网络游戏分级制度，对现有网络游戏进行分级评定，指导青少年和家长按照等级选择适合年龄段的网络游戏。针对儿童色情立法，应区分软硬色情，界定儿童色情、虚拟儿童问题；严格区分受众；区分公共电脑与私人电脑，保护成年人的隐私权，保护儿童隐私；确立以儿童身份验证分区方式作为互联网色情的具体技术；在就互联网本身的架构进行分层控制时，严格程序保障，从程序上严格保障公民、互联网市场主体的合法实体权益、程序权益，严格界定行政执法者不履行行政执法程序的法律责任等。

推动网络立法工作，规范网络秩序，对青少年进入网络社会进行法律保护和有效预防青少年网络犯罪。法国政府出台的"校园网络规范"，规定学生如果以电子邮件散布诽谤、猥亵、骚扰、病毒等信息，将会被取消使用账号及校规处分，甚至可能要走上法庭。美国政府已成立了网络警察，并成功地破获了多宗网上案件，有效地打击了网络黑客的嚣张气焰；我们国家出台的《全国青少年网络文明公约》宣传活动已正式启动。该公约促使青少年与家长建立协议，其中包括每天上网时间，不浏览不良信息，不随意约会网友，不沉溺虚拟时空等，家长主动为青少年安装防火墙软件让年轻一代健康上网。需要指出的是，要使政策能够得到良好实施，确保效果，有关政策及法制法规的教育必须跟上。因为必须保证让网络行为的主体知晓法律的存在才能在规制其行为上起到真正的作用。诸多色情聊天者对自己的行为是否触犯法律能够清楚的认知，部分人就会在行事前作出理性判断，进行正确选择。因此，法律法规的制定完善与法制教育的宣传都是不可或缺的。

## 二、加强技术手段和网络管理

技术手段是控制网络社会问题的有效手段之一，对于因技术不完善或因技术发展而引起的社会问题，可以通过技术进步来控制解决。比如，针对网络信息泄密而大力发展网络加密技术，针对黑客袭击而大力加大网络安全防范，针对网络色情、暴力和其他非法信息而大力开发相应的“过滤技术”等。相关部门应加大对网络游戏监管和审查的力度，对不健康因素予以清除，推动游戏软件的分级，以指导未成年人选择健康的游戏产品，净化未成年人的游戏环境，不让自制力低的青少年接触具有暴力情节以及具有误导价值倾向可能性的游戏；健全网络游戏的防沉迷系统，玩家在游戏中的时间减少，无疑会对玩家区分虚拟与现实有明显效果，不至于会在现实生活中模仿虚拟世界的刺激行为；网络游戏开发公司应肩负必须的道德责任，在游戏开发中减少有不健康倾向的内容，虽然这对于相关企业来说是矛盾的，因为降低了网络游戏的刺激性和吸引力，直接面对的问题就是玩家流失和利润下降，但如果加大刺激，对整个社会的损失是不可估量的，网络游戏开发公司的暴富不能够以腐化青少年为代价。

加强管理是网络建设的当务之急。我国目前在分层控制上主要加强对网络色情传输的控制，集中在代码层和物理层两个层面的控制上。受控制的网络色情信息传输集中在代码层，包括聊天室、电子论坛、即时通信软件、电子邮件、无线通信、互联网接入、网页链接、服务器托管、网络存储空间，色情网站可能兼具代码层的所有这些传输方式；受控制的物理层主要体现为对网吧的控制。在管理中，建议改变“多头管理”的模式，从源头对提供互联网接入服务的有关电信运营商进行严格要求，按照国家规定，对证照不全的网吧一律不许提供接入服务，并于每天零时至上午8时对所有网吧停止网络接入服务，这是最有效和最低廉的管理手段。网络的安全监控软件也要在网吧里安装，一旦有浏览色情和非法网站，便自动阻断。控制ICP（Internet Content Provider，即向广大用户综合提供互联网信息业务和增值业务的电信运营商）、ISP（Internet Service Provider，互联网服务提供商，即向广大用户综合提供互联网接入业务、信息业务和增值业务的电信运营商），互联网内容提供商及服务提供商等。此外，还要加强对网吧等娱乐游戏场所的管理，对一些违法、违规开业的网吧依法取缔。对一些含有诱发未成年人违法犯罪和恐怖、残忍等有害内容的、严重违反国家相关管理规定的游戏软件，文化管理部门坚决予以取缔。落实责任，责任不仅落在色情网站创立者，也要分解至ISP、ICP，以及终端用户。加强管理的同时，更要加强网络建设，办好主流网站，占领网上思想的教育阵地，为青少年一代健康成长提供丰富的精神食粮。

## 三、科学地引导与规范青少年上网

在现代社会中，网络无处不在，所以父母阻止孩子上网既无必要也无可能，正确的做法是正确地引导和科学地监督。青少年自制力差，综合判断能力较弱，父母要适时提醒，适当督促孩子上网有度，严禁光顾色情网站。家长要学会上网，这样才能正确引导孩子、监督孩子健康上网，帮助孩子选择网站。针对青少年网络成瘾，要讲求方法，不能要么武断严禁、哭求，要么一味溺爱、放纵，这些都是导致网络成瘾的高危因素。把握青少年心理特点，使青少年在网络中可以寓教于乐，增长知识能力，培养良好的价值观和思维方式。父母应积极与孩子进行平等的交流沟通，加强对孩子的精神关怀，了解孩子所需所想，创造有利于孩子的成长环境、满足孩子正常的人际交往、游戏等方面的需求。一般来说，从民主、和睦、丰富多彩以及充满希望的家庭中出来的小孩是很少网络成瘾的。因为这样的环境给了他足够的自由、平等和快乐。家长要注意发现孩子的优点，让孩子有成就感。给予孩子以多元化的评价，不能把学习成绩作为评价孩子好坏的唯一标准。事实上，对孩子施行正确的家庭教育，是改变网络成瘾问题的关键。

家庭和学校应进行经常性沟通，建立起有效的监控系统。学校和家庭对青少年同等重要，网络成瘾问题是家庭和学校两方面教育失败的共同结果。因此，学校在发挥家校系统综合的教育作用时，要与家庭教育相配合，注意拓展学生学习之外的生活空间，减少网络对青少年的负面影响。

## 四、构建青少年社会与心理支持系统

加强青少年的心理健康。现代心理学认为，几乎所有的心理问题，都是关系的问题，而不是大脑中某种物质发生了改变。这些改变是有的，但改变的原因来自长期的“关系的刺激”。网络成瘾的背后可能有现实压力挫折与伤害、心理冲突、人际关系问题和孤独感、心理需求得不到适当的满足、缺少自我价值感、兴趣爱好的缺乏、思想的贫乏、理想和责任感的缺失等因素在综合起作用。因此，治疗网络成瘾重要的是解决上述问题而不是仅仅针对上网本身。当发现网络成瘾青少年时，家庭和学校要做的不是批评和打骂，而应积极地寻求专业帮助，如找专业的心理咨询师。如果情况特别严重的，甚至伴有其他精神症状，如幻想、抑郁等，要及时与医院联系，尽早接受治疗。有学者还提出建立青少年心理在线咨询，通过网络上的 BBS、Net-meeting、E-mail 等系统对客户实时或准时实地提供心理指导、支持，进而达到增进用户心理健康、促进用户心理发展的过程。目前，在线心理咨询已在知识普及、情感疏导、职业发展、心理测量、青年成长、危机干预、学习指导等方面发挥着较大的作用。但是，目前缺少针对“网络成瘾症”的心理咨询与心理治疗的专业机构，缺乏及时救助的措施，成立相应机构对网络成瘾青少年会大有帮助。

开展正常的性知识教育。由于传统观念的束缚，我国现在的青春期教育还比较落后，没有真正发挥应有的作用，不能满足青少年的需求。他们必然通过别的途径来解决心中的疑团，满足好奇心。家长和老师可通过适当方式，对其进行一些性知识的教育讲解，消除青少年对性的神秘感和性苦闷。对于孩子在成长过程中出现的性生理现象和性困惑，不能因为觉得不便谈而敷衍了事。学校应及时开设正式的性知识教育课，使青少年对性有正确的认识，以消除其对黄色网站的热衷。

增加信息及娱乐渠道。美国学者索普（M. E. Sopen）进行一项调查后得出了一个著名的论断：一个情报信息源越易接近，被利用的可能性就越大。①用户是否利用某一情报系统，还在很大程度上取决于用户对这一情报系统的评价，即省力程度以及心理认同程度。计算机网络的信息非常丰富，几乎无所不包，功能强大的搜索引擎的出现使信息搜索的成

① 许钟玲：《试论用户行为可近性选择理论》，《图书馆》2000 年第 4 期。

本微乎其微，网络的匿名性使用户少了很多现实社会规范的羁绊，所有这一切都使网络成为省力程度以及心理认同程度最高的媒介（情报系统）。所以，应该加大其他情报系统的建设，在帮助青少年利用好网络丰富资源的同时，加大开发适合青少年成长的基本设施，用多种方式分散注意力。国外有更多的娱乐方式可以选择，有各种体育设施、免费足球场，有好看的电影、令人关注的精彩赛事，可以下棋、绘画、参观展览等。而对中国的很多人来说，网络游戏就是最好的娱乐方式，中国人尤其是青少年拥有的可供选择的娱乐方式太少，条件差，免费的不多。从这点看来，网络沉迷既是社会问题，也是一个经济发展问题。尽可能多地兴建适合青少年娱乐活动的文化室、少年宫等，丰富青少年的业余生活。

21 世纪是信息时代、网络时代，网络以其迅捷的速度、生动的形式和浩瀚的容量向人们传递着信息与知识。互联网这种新型工具的发展和普及，使当代人步入了一个新的“网络时代”。现在网络不只是一种技术和工具，它已经融入人类生活之中，逐渐成为人类的一种生活方式，人们也不再局限于物质活动层面的外在交往，而是更加倾向于精神文化层面的内在交往。正如尼葛洛庞帝所言：“互联网络用户构成的社区将成为日常生活的主流，其人口结构将越来越接近世界本身的人口结构。”因此，互联网无疑将一如铁器和机器一样，从最初的一种纯粹的物质性工具，发展成为一种文化，并创造出一种新的生存方式。

# 第六章　青年参与：在变动中走向理性成熟

改革开放以来，随着我国经济社会进一步融入全球一体化进程，本土青年政治参与也受到了国际青年政治参与的影响，展示出一些较为相似的特征和过程；与此同时，中国社会经济转型过程中出现的一些现实问题，也在影响着青年政治参与的议程。正是从全球化与本土化的双重影响下，中国青年参与的变迁以及特征都呈现出较为复杂的特征。从 40 年的发展历程来看，我国青年的政治参与也经历了从早期狂热、非理性到逐渐成熟务实，并且日趋多样化的发展脉络。

## 第一节　改革开放以来青年政治参与变化历程

十一届三中全会以来，中国社会进入了一个新时期。随着社会主导理念的转移，在改革、开放时期剧烈的社会变革驱动下，青年主体意识开始“苏醒”，市场经济发展重构了社会利益格局，同时也呼唤出人们对自身利益的重视，青年参与行为也出现了多元分化的趋势，即由单一的、被动“政治参与”转为政治、经济、文化和群体、个体并存的多元化参与趋势。总体上看，这个变迁大致可以分为三个阶段。

## 一、青年参与由迸发热情到“非理性”、“非程序化”转变

从1978年到20世纪80年代末，中国社会发展实现了伟大的历史性转折，改革开放奏响了时代的主旋律，发生了从经济基础到上层建筑的全面深刻变革。1979年初，经过拨乱反正，困扰着中国青年参与发展多年的“唯成分论”、“血统论”被摒弃，由此带来了平等参与的新时代。但与此同时，这种参与需求的急速迸发，也导致了在行为方式上的狂热与非理性化，具有较强的激进色彩。面对改革初期出现的这些问题，党和政府采取了积极的举措进行协调，通过报刊等媒介引导青年选择为人民服务的正确途径。同时，国家在法治建设方面的进步，也使得社会政治环境转向理性化、民主化和法制化。并且，1983年党中央做出的极富远见的决策：重视知识分子，搞好领导班子“四化”建设，从客观上为广大青年知识分子参政议政提供了良好的条件。但青年参与的非理性化与非程序化色彩也在增长，尤其是在80年代末出现的政治风波，给青年学生的政治参与带来了一定的负面影响，对社会转型期中国的政治稳定产生了消极的影响。有学者指出，这一时期青年学生在政治参与方面具有三个特征：即参与层次较高、参与的规模大并以团体参与为主以及参与方式带有相当非理性、非程序化的成分。①较

① 陶东明、陈明明：《当代中国政治参与》，浙江人民出版社1998年版，第247页。

之以建立市场经济模式为主导思想的90年代，80年代更像是一个急剧分化和重新整合的准备阶段，青年参与意识的变动仍带有模仿与过渡的特征。

## 二、青年政治参与趋向务实和功利化

进入20世纪90年代以来，随着我国着力构建社会主义市场经济，青年的发展空间更加广阔。由此，与20世纪80年代相比，青年的政治参与方式更加趋向务实和功利化。从实践来看，过去热衷于讨论“左派”、“右派”、“自由”、“民主”等这类抽象的、纯政治问题的青年，开始更加关注那些直接关系到自己切身利益的事情（如增加收入、发挥才能、升学、就业等），其要求较高、不满也较多。从特征上看，这一时期的青年参与存在着内在不协调的矛盾，青年在低层次社会参与方面的水平较高，但在高层次社会参与尤其是政治参与方面的程度不高，其水平（从实际出发，尤其是对单位、社区事务的参与水平）还有待提高。①同时，青年的爱国热情丝毫不减，并且更加理性。如1999年以美国为首的北约轰炸我国驻南联盟大使馆后，全国各地的广大群众、海外侨胞、留学生，纷纷举行座谈、集会、发抗议信或抗议电等各种活动，拥护我国政府的严正声明，强烈谴责以美国为首的北约的野蛮行径。北京、上海、广州、成都、沈阳等一些城市的学生和群众，还在美国驻华外交机构附

① 吴鲁平、王小东：《中国青年政治心态与社会参与状况研究报告》，载中国青年研究中心，《中国青年社会发展的现状与对策》，天津人民出版社1995年版，第79—80页。

近举行了示威游行。在这个重大事件中广大青年义愤填膺、爱国守法，有序地开展了大规模的游行示威活动，表现出中国青年较为成熟、理智的政治心态，避免了极端化政治行为的发生。

## 三、青年参与的机会与方式日趋多样化

进入21世纪以来，随着我国政治、经济和文化的全面发展和政治制度的日益完善，青年群体的文化程度和各方面素质的不断提高，为青年参与社会生活和决策提供了更多的机会和渠道，其参与方式也日趋多样化。一方面，制度化参与的渠道不断拓宽，如加入党团组织仍然是青年政治参与的主要渠道，截至2017年底，我国共有党员8 779.3万名，其中35岁及以下的党员2 247.9万名，占党员总数的25.6%；同时，共青团员也有近9 000万人。青年组织及其代表积极参加各级人民代表大会和政治协商会议，积极参与公共政策和青年政策的决策，成为青年政治参与的一个突出特点。另一方面，随着以互联网为依托的网上虚拟组织犹如雨后春笋般大量出现，青年选择社会组织的余地大大增加，进一步丰富了青年进行政治参与的内容、范围和样式，开辟了新的参与渠道。很多社会事件，特别是以青少年为主体的社会事件往往没有具体组织者、没有信息源头、没有传递线路。很多时候我们需要面对的是无法迅速判断真伪对错的日益复杂的社会群体行为。①值得注意的是，青年的政治参与正越来越多地呈现出新社会运动的特征。如2008年3月发生的南京大

① 陆士祯：《政治参与趋势凸显现代元素》，《人民论坛》2008年第7期。

学网络运动阻止“汉口路西延”事件①，就引发了线上线下的青年参与。除了青年学生外，青年白领也成为了积极参与者。如2005年各大城市发生的反对日本“成为联合国安理会常任理事国”的群众游行，以白领上班族为主。短信、网络改变了以往的集体组织方式，首次向人们显示了非正式的、松散式的“新社会运动”威力。

总体上看，改革开放40年来，青年的政治参与发生了巨大的转变，从原先极为狂热、非理性、非程序化等为特征，逐步转向了较为成熟、理性、程序化制度化的参与方式，反映出随着我国经济社会的快速发展，国家制度建设的加强以及青年群体自身文化和综合素质的提升，青年参与社会、政治以及经济活动正朝着良性互动的方向发展。

## 第二节　新时期青年政治参与的特点

如前所述，新时期青年政治参与具有很明显的新社会运动的色彩。在西方国家，新社会运动的阶层基础是后物质时代的年轻人。从宏观上来说，当代中国青年正是出生并成长于物质生活高度发达的时代，他们

① 2008年11月5日，南京市建委宣布：汉口路西延工程已获批准，将直接影响南京大学、河海大学、南京师范大学等高校。11月20日南京大学小百合BBS转载了《南方周末》题为《要大学，还是要大路》的相关报道，此后以小百合BBS为中心，形成了对汉口路工程的广泛关注和激烈的网络抗议，抗议持续约4个月。网络抗议引起了凤凰卫视、新浪网等媒体报道，南京市政府也派人专门至南大协商。激烈的网络抗议导致汉口路西延工程停滞，始终未正式施工。

中的大多数所担忧的不再是生存问题，而是生活品质问题。然而，与西方国家青年社会环境所不同的是，我国社会政策，尤其是社会保障政策还不够完善，青年的生活压力可能强于西方国家青年。正因如此，基于我们的研究发现，新时期我国的青年政治参与也呈现出与西方不同的特征。

## 一、青年网络依赖度普遍较高，大部分人能理性使用网络

新时期的首要特征就是互联网在经济社会生活中的广泛应用，我国互联网的发展为青年提供了可依赖的客观条件。根据2015年第35次中国互联网络发展状况统计报告①，非网民不上网的原因，依次为不懂电脑/网络（61.3%）、年龄太大/太小（28.5%）、没时间上网（17.3%）、不需要/没兴趣（11.6%）、没有电脑等上网设备（10.7%）、没有网络（3.0%）。从中可以看出，那些制约非网民的客观因素，对生活于大城市的青年来说基本都不存在了。换句话说，青年基本上具备了成为网民的客观条件。同时，在其报告中，外来务工人员的上网比例并不高。但在我们的研究中，笔者发现青年农民工的网络依赖度也很高。这可能是因为互联网数据资讯中心发布的数据是网民自填信息，较少农民工会愿意接受污名化的“农村外出务工人员”的分类标签。其次，随着互联网技术和应用的发展，青年能深切地感受到数字化办公与数字化生活的优势。

① 中文互联网数据资讯中心，“2015年第35次中国互联网络发展状况统计报告”，http://www.199it.com/archives/326792.html。

目前，青年通过互联网上几乎可以完成工作生活中的所有事情，从联系客户到订单确认，从新闻资讯到专业信息查询，从周末订餐到家电置换，从路线设计到音乐欣赏，等等。可以说，青年对网络依赖性本身就反映出网络的功能性。最后，作为成年人，大部分青年人能理性使用网络。与青少年不同的是，年龄的增加使绝大部分青年具备了较为成熟的自我控制能力，网络成瘾行为相对较少。不可忽视的是，虽然在业余时间几乎泡在网上的青年比例不高，但绝对人数却不少，相关部门需加强社会宣传，使青年及早发现网络成瘾的症状，并了解其后果，从而减少其社会危害性。

## 二、新组织架构：青年处于“低组织化”的社会参与状态

由于全球相互依存程度的加深，中国的新社会运动必定会成为全球社会运动的一翼。这是因为青年政治参与在行动的特征上有许多相似之处，都是具有高度理想主义的集体抗争、反权威主义、重行动而非重思考。青年社会运动的重要之处在于相互的共鸣，这种共鸣在互联网时代就产生了“跨地域”青年社会运动。互联网时代，几乎就不再有“地方性事件”的概念，这也是为什么“地方性事件”最后变成“全国性事件”，甚至成为“国际性事件”。正是在这一背景下，我国青年政治参与也呈现出极为复杂的状况。

我们的调查结果显示，我国青年参与最多的社会组织是共青团（52.2%），其次为公益性组织（26.00%）、娱乐/兴趣团体（25.70%）和校友会（25.20%），然后为工会（13.50%）和宗亲会/家族会/老乡会

(11.80%)。参与其他组织的比例均未超过一成，其中互助类组织(9.30%)、行业协会（4.70%)、宗教/教会组织（3.00%)、业委会(2.80%)、妇联（2.70%)。此外，超过13.6%的青年表示未加入过任何类型的社会组织。从中可以看出，共青团的参与度最高与我国特殊的团员发展模式有关，随着青年年龄的增加，就会自动退团。除此之外，非利益型的松散组织成为青年参与最多的社会组织，但参与比例均不超过三成。这一结果表明，目前我国大多数青年处于个体化与松散化的状态，并且以个体化为主。但是这种个体化的行动如果经由互联网，往往能够爆发出极为惊人的力量，尤其是通过互联网与旨趣相投、利益相关的“跨地域”群体或个人产生互动、共振之后，将产生足以影响社会秩序正常运作的能量，不容小视。

## 三、新价值形态：青年多元思潮并存

偶发的集体行动极有可能转化为一场具有政治诉求的政治运动。社会运动的成型，从来都是从体制的外围，即环保、食品安全、治安等诉求开始的。许多生态社会运动，其实都隐含着其他诉求，推出“显性诉求”借以实现“隐性诉求”，是近年青年社会运动的“另类”表意。如发生于2012年10月宁波市民针对PX项目建设的维权运动中，许多青年的网络留言中提出十条诉求，其中引发关注的是第六条“建议并希望新闻报道进行改革，改变报喜不报忧的局面”和第八条“地方选举制度上进行改革，开展基层电视演讲选举，代表需要有竞选口号”。显然，这两条诉求已经完全超出环保诉求的范围而扩大到了政治层面，这并非孤立的例子，在近年来青年的社会政治参与中时有显现，直接反映了当前盛行于青年的政治思潮的变动。

从目前各种政治思潮对青年的影响来看，整体上呈现主流价值虽占主导地位，但多样化的思潮在青年群体中的影响力也已然不小。我们的研究显示，从知晓率来看，青年对邓小平理论、民主社会主义、新民族主义、新自由主义思潮的知晓率均超过两成；从认同度来看，青年对邓小平理论、民主社会主义、新自由主义、新左派、民粹主义思潮的认同率也均超过两成；另有少部分青年了解或认同其他类型的社会思潮。从中可以看出，当代青年社会思潮呈现明显的多元化趋势：主要集中于政治、经济（如邓小平理论、民主社会主义、新左派思潮）等“硬”的、实实在在的领域；而对文化（如新儒家）等“软”的领域关注较少；特别值得注意的是，以“草根”为基础的新民族主义和民粹主义思潮也较为活跃。事实上，这一趋势也得到了相关研究的印证。当然，以邓小平理论为代表的中国特色社会主义的主流价值仍保持着青年社会思潮的主导地位，主要体现为：从知晓率来看，当代青年对中国特色社会主义思想即邓小平理论的知晓率最高（66.9%，达近七成），这一比例远远高于对其他社会思潮的知晓率，是民主社会主义思潮（排名第二位）和新民族主义（排名第三位）的两倍多；从认同度来看，当代青年对邓小平理论的认同度达到65.0%，超过六成，这一比例也远高于对其他社会思潮的认同度，这一比值分别比其他社会思潮平均高出 27—50 个百分点。从中可以看出，当代青年不但对邓小平理论有较强知晓率，并且有较高的认同感。这说明，尽管改革进程中出现各种问题，但改革成果还是有目共睹的，因此能得到大部分青年的自愿认同。值得指出的是，仍有三到四成青年不了解或不认同邓小平理论，这既与传统宣传教育模式有关，也与各种非主导社会思潮的冲击有关，意味着青年思想意识教育的形势依然严峻。

## 第三节　积极引导青年正确参与社会事务

要能够有效介入和干预青年“新社会运动”的挑战，还必须关注青年群体的个体发展与整体成长，中国特色社会主义事业是面向未来的事业，需要一代又一代青年接续奋斗。为实现中华民族伟大复兴的“中国梦”而奋斗业已成为当代中国青年运动的时代主题。未来五年是我国发展的重要战略机遇期，是全面贯彻和落实“四个全面”战略格局，实现“中国梦”的重要关键时期。在这一伟大征程中，党和国家、民族的事业有赖于青年群体的积极参与，“新社会运动”的发生与发展已经展现了新时代青年所蕴含着的巨大能量和内在活力，可以经由适当的制度建构与政策调整加以引导，并形成有助于推动我们“两个一百年”（在中国共产党成立一百年时全面建成小康社会，这是中国梦的第一个宏伟目标；在中华人民共和国成立一百年时建成社会主义现代化国家，这是中国梦的第二个宏伟目标）目标的实现。正是从这个意义上看，共和国之“接力棒”将历史地落到目前还是“后一代”的大中小学生身上。因此，要实现“中国梦”，首先应将青年发展纳入国家重要战略。①

① 杨雄：《青年是推动社会进步和托举“中国梦”的重要力量》，《当代青年研究》2014年第1期。

## 一、实施积极的社会政策，为青年成长提供制度保障

当前应加大社会建设投入关注与解决青年的“成长烦恼”。须对重大青少年议题开展深入研究：“独一代”养育“独二代”过程中出现的问题；未来几年连续有 700 万大学毕业生需要就业可能产生的社会稳定问题；大批“海归”回国高潮的来临及对未来社会的影响；农村数千万留守儿童的关爱问题；占城市青年一半人数之外来青年融入城市问题；网络青年意见领袖的影响作用；“蚁族”、“北漂”等体制外青年群体的生存状态，等等。

制定青年政策，尤其要考虑为青年就学、就业、婚姻、住房、学校教育、家庭福利等提供基本社会保障。第一，福利分配应当制度化。当前既要做大蛋糕也要分好蛋糕如最低工资、新劳动法、工会地位、医疗体制、个人所得税和保障房。中国刺激内需前提是福利分配制度和监督制度要成熟，否则，福利一些人，损害大多数人，不但没能刺激经济反而阻碍了市场的发展；第二，福利应当成为保障作为弱势群体——青少年的基本工具。尤其是针对“蚁族”群体反映强烈、带有共性的问题如住房、就业、社会保障等，采取切实有效的措施逐步解决。通过生存条件的改善，为“蚁族”创造更加公平的发展机会，打通向上流动的通道，防止阶层固化。[①]第三，国家搞福利应当量力而行，要在保障社会基本生

① 杨雄、臧得顺：《应进一步加大对“蚁族”群体的帮扶和引导力度》（研究专报），于 2014 年为国务院研究室采用，获中央领导批示。

活基础之上，充分利用市场机制激发民众的创富潜力。在经济日益强大的今天，我国需要扩大福利事业，消除福利差别化，但要杜绝欧洲式坐吃山空的福利主义。要继续做大蛋糕也应不断地分好蛋糕，在认识上，更不应将上述两者对立起来。

## 二、保证青年参与社会公共事务权利，提升其共治、自治能力

通过青年政策的制定和实施来引导青年的成长和发展。在国家推进社会民主化进程中，青年参与是全人类发展的一个先决条件，要保证青年参与是全面的，包括经济参与（包括工作与发展）、政治参与（包括决策进程与权力分配）、社会参与（包括同代群体与社区参与）、文化参与（包括艺术、音乐、文化价值及表现）；在社会福利方面把解决青年失业、贫困、疾病、公共文化娱乐场所不足、社会服务资源短缺等作为优先考虑的项目；在发展文化艺术方面，应首先考虑有利于青年身心健康和为他们树立正确的人生观和价值观；在制定宏观和微观社会公共政策过程中，始终将青年发展的因素考虑在内，在政策导向上，向有利于青年发展的方向倾斜并将其作为国家青年政策的重要组成部分。

十八届三中全会《决定》明确提出，要创新社会治理，大力发展社会组织。传统的“大政府、小社会”格局已经很难解决日益增加的经济社会问题。在加速转型期，推行政府职能转变会使许多职能从政府转移到社会，如果没有相应的社会组织承担政府让渡的职能，必然导致大量社会事务无人管理。第三部门发展不足是中国社会组织结构

的最大缺陷。[①]笔者认为应该像20世纪90年代我们大力培育市场体系一样大力培育第三部门。在这方面应积极鼓励青年社会组织的发展保证青年参与社会公共事务的决策，并通过各种途径广泛听取青年对决策的意见。尤其是围绕“蚁族”等弱势青年群体，要进一步探索底层青年知识分子有序参与社会公共事务的新机制，引导他们融入城市生活。以高校和共青团组织为挂靠和枢纽构建新型青年社会组织，把“蚁族”纳入社区（村）基层部门管理服务体系，逐步形成政府主导、分类规范、党建和业务一起抓的底层青年社会组织管理模式。构建全面覆盖、动态跟踪的社会服务管理信息系统，建立健全心理疏导机制，为“蚁族”提供更加便利的社会服务。[②]

同样的，通过公共生活实践，培养青年一代的共治、自治能力。建议高校通过志愿者活动、社区服务、学生研讨会、社会调研等的社会实践参与以及立法建言、司法旁听、网络议政等的法治过程参与，培养青年大学生的公民素质和能力。通过公共生活实践的参与，使其所秉持的公正价值取向不断得以修正、认同、内化并最终衍化为有益于社会合作与和谐发展的公正行为意向，促使青年代群的同理心、沟通协调能力、妥协宽容品质、反思批判精神、合作共赢思维等合作共治的实质性能力得以锻炼和提升。

---

① 杨雄、周海旺主编：《上海蓝皮书：上海社会发展报告（2015）》，社会科学文献出版社2015年版。

② 杨雄、臧得顺：《应进一步加大对“蚁族”群体的帮扶和引导力度》（研究专报），于2014年为国务院研究室采用，获中央领导批示。

## 三、加快公平正义社会建设，为青年提供价值示范

人生如船，梦想是帆每个人都有一个只属于自己的梦，所有人的梦想汇集起来，就是国家的梦想，就是“中国梦”。所以，实现“中国梦”、追求国强民富与民族振兴的同时必须追求公平正义。民主法制，公民成长，两者缺一不可。效率与公平是人类社会生活不可或缺的两大价值，他们的关系结构具有明显的社会历史性，不同的关系结构对社会发展的影响不同。如何使效率与公平的关系结构成为更能促进社会稳定和发展的优化结构，始终是中国社会主义现代化发展中需要不断解决的重要问题。尽管发展的逻辑意味着国家建设和经济发展要先期进行，但发展的政治却迫使我们必须解决好人们尤其是青年一代对于参政和分配的期望。制度是实现社会公平正义的根本保证。

在尊重精神自由的同时须对青年一代进行核心价值观的引导，加强诚实、友爱、敬畏、合作、尊重等核心价值的引领。经济发展固然需要有一个好的制度、政策保证，然而光解决制度层面还不够，整个社会还需要有信念、一个共同价值观。缺乏信念、没有一个共同的价值观，经济发展再快人们依然会感到不满意。在核心价值的构建上，成人社会应承担示范作用，为青少年树立起遵循核心价值的榜样。①在引导方式上要与社会生活接轨，考虑社会生活的导向作用。尤其是要将“蚁族”弱势

① 杨雄：《核心价值、青春偶像与青年信仰》，载《巨变中的中国青年》，上海人民出版社2015年版。

青年作为“中国梦”宣传教育的重点对象，充分挖掘“蚁族”群体蕴含的精神力量，鼓励其为实现人生价值和美好梦想而奋斗，广泛宣传“蚁族”中的优秀典型，广泛宣传党和政府为解决“蚁族”问题出台的各项政策措施，形成全社会理解、关心、支持“蚁族”的良好氛围，增强他们对未来的信心。①

要加强青年思想工作创新，拉近与青年的思想距离。在推动青年工作专业化、社会化的同时，适时培育和引导青年社团，创新青年沟通方式，立足青年的视角，运用青年流行的语言，以青年喜爱的方式，积极与青年开展有效沟通，借以拉近与青年的“心理距离”和削减彼此情感隔阂，并由此进一步形成推动基层青年工作持续有效开展的机制。同时，要挖掘培养一批思想积极、网络影响力大、能为我所用的青年意见领袖，引导青年成为“正能量”的发现者和传播者。

## 四、从全球化、信息化视角积极关注舆论引导

现代国家发展历史证明，经济发展和公平正义冲突的解决唯有通过政府解决，通过转变政府职能，一个均衡发展的和谐社会才能建立。改革开放以来，主体意识增强促进当代青年思想意识不断走向成熟，他们生活结构日趋合理生活时间日趋有序，生活内容日趋丰富，生活空间日趋扩展，社会参与意识、责任感、自主自立自强自爱自尊意识、法治意

① 杨雄、臧得顺：《应进一步加大对“蚁族”群体的帮扶和引导力度》（研究专报），于2014年为国务院研究室采用，获中央领导批示。

识、竞争意识、公平意识、效率观念、求知欲望、开拓精神等带有世界青年共性的行为和价值取向更加凸显出来。在全球化、信息化背景下，中国青年将越来越表现出明显的世界性，即中国青年的视野会更加开阔，真正地面向世界、走向世界；国际社会中的各种因素对中国青年的影响会越来越多，这些影响可能是正面的、积极的，也可能是负面的、消极的。同时，中国青年事务也将越来越具有国际化性质，这一方面是由于我们参与国际性青年事务将越来越多，另一方面则是由于在中国加入全球化潮流后，在许多事情上必然要按国际性的规范和准则办理，履行各种各样的国际义务。另外，各国在青年事务方面的许多做法和经验，也将被我们自觉地借鉴和吸收。受全球化的各种影响，我国青年在许多方面也已经或正在发生着或显微或显著的变化。面对这种客观情势，我们必须从全球化视角出发，做好青年工作，从而保证青年在实现“中国梦”进程中，始终成为推动社会进步的积极力量。①

从这一方面来看，要重视青年关注的话题与网络舆情，做好关键舆论阵地管理。在网络发展日新月异的新时代，对青年关注话题、网络舆情要进行分析、判断与疏导，既要为青年提供合理的意见表达渠道，同时也要及时干预、引导青年群体的话题热点。要避免青年关注敏感议题被有意放大造成失控与共振，及时预判与预警，根据其发展状况及时介入，在舆论层面要学会运用“平衡报道”调适青年社会运动的连锁效应。此外，针对重点青年群体如“蚁族”，应警惕西方一些机构借口研究、培

① 杨雄：《青年是推动社会进步的重要力量》，载《巨变中的中国青年》，上海人民出版社 2015 年版。

训、资助、心理干预等名义向“蚁族”群体宣传政治理念、编造谣言、发展青年领袖等；另一方面应加强对“蚁族”的学术研究，掌握解读、阐释的话语权。

# 第七章　青年婚恋：从传统封闭走向多元开放

## 第一节　当代青年择偶观的变化历程

社会转轨时期，市场经济活动具有功利性与道德性的内在矛盾，等价交换规律也存在着自身的伦理缺陷，即经济合理性与道德合理性的分离。一旦伦理道德建设跟不上市场经济的发展，带有极端个人主义特征的“单一经济人”就会破土而出。在两性关系领域内，这种物质生活与精神生活的失衡表现得尤为突出。对于金钱与爱情，不乏有人从内心里认定两者是完全可以画等号的。这种对于经济利益的无限追逐欲，也使得人们的需求趋向单一和平庸。这种单一和平庸势必导致人们婚恋生活的枯燥和乏味，引起性与爱、爱与义务的分离。

### 一、择偶标准由单一偏颇转向全面发展

中华人民共和国成立以来，是中国历史上青年的婚恋性观念变动最

为引人注目的半个世纪。伴随三个大的历史时期，即1966年以前的“文化大革命”前时期，1966—1976年的“文化大革命”时期，1976年“文化大革命”结束以后的改革开放时期，随着社会、政治、经济、人口及其文化变迁，青年的择偶观发生了巨大的变化，由重视政治条件到重视学历、职业、能力、住房、收入等经济社会因素和情感因素。改革开放前，特别是“文化大革命”时期，中国社会在很大程度上是一个以政治分层为主的社会。人们在社会地位上的差异，主要表现为政治地位上的差异。再加上一次又一次的政治运动，不少因家庭出身、本人成分不好的人往往在运动中处于劣势或不利地位。因而，青年在选择对象时，非常注重对方的政治条件。改革开放后，以经济建设为中心，人与人之间在社会地位上的差异主要表现为经济地位上的差异。青年越来越重视恋人或配偶的收入、住房，以及与此相关联的学历、职业和工作能力状况。

青年择偶中爱情因素的不断升值也是非常明显的。如果说，20世纪80年代初期，是包办婚姻和自主婚姻同时并存的阶段，20世纪90年代以后，自主婚姻占绝大多数，婚恋双方还权衡对方经济、社会地位等方面的因素。而21世纪的青年婚姻观念，属于综合权衡模式，即在自主婚姻的基础上，婚恋双方除了考虑社会、经济方面的原因外，更注重考虑婚姻生活质量、家庭生活稳定等方面的因素。

## 二、青年一代对性宽容程度明显加大

改革开放之前，中国社会流行的是一种禁欲文化，就连性知识的传播也成了一大禁忌，性是不能拿来讨论的问题。伴随着社会转型的加快和中西文化交流的加深，青年性观念发生了很大变化，性开放程度明显加大。吴鲁平在20世纪90年代初完成的调查表明，对于恋人之间的婚前性行为持明确反对态度的占55.7%，即有近一半的青年对婚前性与婚姻的分离现象持赞成（11.5%）或说不清（32.8%）的态度。而对于婚后性与婚姻相分离的婚外恋现象，青年中表示有条件理解或同情的占32%，说不清的占30.1%，明确表示应谴责（23.3%）和惩处（14.6%）的占37.9%。[①]1998年中国青少年研究中心与中国青少年发展基金会所做的一项调查结果显示，中国青年对婚前性行为的开放度有所增强。认为“婚前性行为不道德，在任何情况下都不可以”的占35.12%，认为只要双方结婚就可以的占12.64%，只要双方相爱就可以的占32.2%，只要双方愿意就可以的占20%。[②]2006年，上海社会科学院对全国5 459名在校大学生的调查表明，68%的人认为可以发生婚前性行为，20.1%的人说不清楚，只有11.8%的人认为不可以。对“一夜情”的看法，10.1%的人认为如果有机会也可能试试；31.7%的人认为自己不会但能理解，是个人生活方式；21.7%的人认为这是对感情不够负责任的行为；12.7%的人认为这是填补情感空虚的行为；14.1%的人认为是一种道德堕落行为；9.5%说不清楚。对于同性恋的看法是，31.7%的人认为是正常行为，应该得到应有的尊重；20.3%认为这是病态，但值得同情和原谅；17.4%说不清楚；14.5%认为这是一种不正常的行为取向；16%比较反感，认为应排斥。[③]

① 吴鲁平：《中国青年性开放度调查研究》，《青年研究》1993年第11期。

② 吴鲁平：《当代中国青年婚恋、家庭与性观念的变动特点与未来趋势》，《青年研究》1999年第12期。

③ 曾燕波：《关注嬗变中的当代青年婚恋观》，《解放日报》2007年3月15日。

马卡连柯认为，青少年首先应该时时记住自己是社会的一员，在认识和处理男女关系问题上要坦诚以待，要符合社会道德规范和具备社会责任感，在这基础上才能爱，才能有自尊心，才能深信自己除了男女性别之外还具有更高的真实价值。笔者认为，性开放程度的加大是社会文明进步的表现，然而，性泛滥却是生活腐朽堕落的表现，一些青年在性道德素质上要加强自身修养。

## 三、从“早恋晚婚”到“抢婚”

我国青少年恋爱初始年龄逐渐提前，尽管许多家长、教育者和研究者力防早恋，但还是不敌这股趋势。有关调查统计显示，1994年我国青年的平均初恋年龄是19.2岁，而当时正在恋爱中的男女平均恋爱次数为2.2次。可是到了1998年，我国青年的初恋年龄已下降为平均16岁，而正在恋爱中的男女其平均恋爱次数已上升为4.3次。《人口统计年鉴》显示，2000年我国初婚中晚婚率达到59%，北京的晚婚率高达83%。从经济较发达的上海来看，20世纪50年代到90年代，丈夫的初婚年龄从24岁直线上升到32.6岁，妻子的初婚年龄从20.8岁提高到28.7岁，而且始终是稳定地上升。2000年，上海男性未婚人口比例占全市15岁及以上男性总人口的22.6%，女性占16.9%；2005年，这种比例分别达到23.8%和19%。这是因为城镇青年教育程度极大提高，教育年限的增多也造成个人就业时间的推后；结婚的社会压力减少；生活压力增大，竞争也日趋激烈，再加上为独立生活做准备的经济条件要求有较长的时间，城市居住条件相对困难，较难获得结婚住房；婚姻的生育继后功能正在弱化与准替代；婚前性行为使青年能够在婚姻前也能满足性需要。不管我们对早恋持什么态度，早恋已成为一种无法回避的事实；不管我们是否继续对晚婚持优惠宣传政策，青年还是选择晚婚。

随着“80后”“90后”步入结婚年龄，不少人发现了早结婚的好处，纷纷步入结婚礼堂。对更多女性“80后”来说，畏惧高龄难嫁是她们早做成婚打算的另一重要理由。来自沪上部分高校就业指导中心的调查显示，婚姻对女性继续深造已构成一定影响。①而屡次被媒体曝光的大龄白领成婚难问题，则给很多“80后”“90后”敲响了警钟，让她们有了早嫁为妙的意识。也有不少女研究生刚一读研即结婚生孩子，赶在毕业前完成大事，以应对工作单位的就业歧视。并且双方父母都还算年轻，有足够的精力帮带孩子，减少了很多后顾之忧。事实上，“80后”抢婚走在“70后”前面，有着更深层次的社会原因。与20世纪六七十年代出生的人相比，他们的恋爱环境要比前人好得多，人们不再认为在大学谈恋爱是早恋。随着高校毕业生就业已摆脱服从分配的历史阶段，大学毕业后可以自主选择，这样“80后”“90后”恋人修成正果的比例也大大提高。

## 四、“网恋”对青少年形成巨大诱惑

伴随网络迅猛发展，网恋作为一种新型的爱情启动模式，迅速被网民所接受。网恋是个体以超越时空限制的网络为载体，相识、相吸、相知、相许，与情感对象进行虚拟与现实兼具的情感互动过程。网络不仅

① “恋爱宽松——80后抢婚时代来临”，《今日家庭报》，2007年1月19日。

成为维持和管理人际关系的新方式，还影响到现代婚恋情感的传播表达模式和现代男女的恋爱交往游戏规则。越来越多的人在网上建立真实关系，与网恋对象见面、交往、结婚，网恋起到与传统恋爱同样的作用。

网恋之所以动人在于网民在网上的性格往往与他们现实生活中的真实性格相距甚远，温和又通情达理，许多性格缺陷也可以被掩盖，恋人们往往只靠网上谈天的直觉和自己期望的形象来描绘对方，在潜意识中为对方赋予许多美好的特点，使其成为理想的情人。网络恋情的新鲜魅力，神秘诱惑，无限机会，出轨感觉诱发了无数追求感观刺激、浪漫体验和情感寄托者深陷其中，特别对正值情感萌动期的青少年而言，对现实不满的回避，对理想恋情的憧憬，对现实影响的可选择性，对完美爱情的可体验性，网恋中独特的想象性及偏低的道德成本是网恋迅速发展的重要原因，使用者能够更加放开自己，更真实表达自己，更容易接受他人，也更容易放开他人。台湾学者何英奇认为，网上互动越多→主题越多→越私密→越接近个人核心面→自我揭露越深→亲密感越强。网络人际互动具有高亲密度、高自我揭露、高不确定感的特点，亲密需求高的人自我揭露程度也更高。尽管虚拟人际关系确实扩大了人际交往网络，与现实关系发展也极为相似，但并不能够取代真实人际关系的需求。

## 五、“新包办”婚姻有复归之势

新中国成立以来，青年择偶的自主意识增强，择偶网络从亲缘、地缘到业缘，择偶机会增多，选择空间增大。1988年中国社会科学院社会学所一项全国性调查研究表明，无论是城市青年，还是农村青年，在择偶时是听自己的意见，分别为76.4%和71.3%，而选择听父母意见的比例在城市青年和农村青年中分别只占9.7%和14.4%。伴随青年自主意识的增强，青年中自主婚姻所占的比例越来越高。1996年徐安琪的调查结果表明，在被调查的农村地区，婚姻大事由长辈作主的比例，在1966年前结婚的人口中占67.2%，1967年至1976年降为62.1%，1977年至1986年降为52%，到1987年至1996年期间，进一步下降到43.2%。

然而，随着社会经济的发展，竞争加大，并且在婚姻自由的同时加大了对婚姻的期望值，当代青年择偶难问题凸显。一是由于现代人对婚姻质量的关注，不少人极富理想化，“自我包办”婚姻，制定出很高的条件，几近苛刻，“按图索骥”，难达心愿；二是现在的男女感情泛滥反而让人不敢相信爱情了，现代人忙于事业，先立业后成家的观念使不少人步入大龄未婚行列，于是婚姻介绍所、媒婆又流行了起来。现在城市里大龄未婚的青年人越来越多，当婚姻摆脱了媒妁之言、父母之命，也不再需经组织审查之后，竟然落单了不少。中华英才网发布的一项调查显示，大龄未婚现象在企业内普遍存在，其中，IT行业更是有高达25%的员工属于大龄未婚青年。一份人口普查数据称，北京和上海两地的单身男女都已突破百万之众。单身人群数量的激增，原因之一是有的人对婚姻抱有质疑甚至批判的态度；另一个重要原因是交友空间过于有限。在大城市里，社区是陌生人社区，平时似乎接触人很多，但是真正比较密切的社会关系并不多。现代职业的工作性质使人与外界交流的方式发生了改变，他们更习惯、更青睐数字化的沟通方式，而婚恋是必须与现实空间联系在一起的，所以在一定程度上造成大龄未婚的现象逐年上升。社会现在对单身人士的态度比之从前要宽容很多，这是社会的进步，使人们可以摆脱压力，选择自己所喜欢的生活方式。

20世纪80年代初的大龄青年婚姻危机是因为“文化大革命”结束后，大批回城知识青年出现了找对象的难题。解决大龄青年的婚姻问题几乎成为全社会的焦点。1984年，中共中央书记处甚至还专门召开过一次会议，讨论30岁以上的未婚青年问题。与之形成鲜明对比的是，当年的难题是因为那些未婚人士的年龄较大、文化和经济条件有限，而现在的大龄青年是收入颇丰而又工作繁忙的一群人。大龄青年择偶难的问题，折射出转型社会的矛盾。在农业社会中，达到结婚年龄的青年人并不会在学习、事业与爱情、婚姻之间发生矛盾。他们的交友方式比较固定，因为各种人际关系比较密切，能有效解决介绍对象等问题。同时，人们对婚姻的态度更重视繁衍后代，对感情等方面的要求并不占有重要位置。但在工业化迅速发展的情势下，青年对职业方面的更高要求则与他们的爱情、婚姻构成了一对矛盾。

在大龄白领青年中，女性的比例明显高于男性。事实上，尽管如今女性白领已经取得了相当高的经济条件和社会地位，但她们中的很多人在择偶时，往往还是依照传统，希望找到比自己更强的人，这使她们的选择范围变得很小。而西方社会的青年在择偶时，相对来说似乎更重视对方的价值观和兴趣等精神和感情方面因素，这或许与其社会的物质生活水平已发展到一定阶段有关。

在北京、上海等地出现了父母出马为白领子女相亲的现象。由各种组织举办的各种联系会也渐渐增多，为操心的父母提供免费的交流场所，参加人数很多。这种现象的出现是由于青年忙于工作，交际圈狭窄，不善于交际，部分婚介机构信誉丧失等原因。旧的观念处于瓦解中，青年的新观念没有获得上一代人的广泛认可，使新式的包办婚姻重新抬头，即家人介绍—独立约会—成婚。但这种目的性过强的相识方式，令许多现代意识强的当事人十分不快，这也反映了一种家庭中的无奈。

## 第二节　当代青年的家庭生活形式

随着中国社会经济的不断发展，青年的婚姻生活无论从结构、观念上，还是形式、内容上，都发生了巨大的变化，由对“大家庭”的依赖转变为实现“小家庭”的自主、自立。并且，随着家庭的内聚化，更多地强调小家庭成员之间的感情联系和个体的情感满足。一旦现实不尽如人意，婚姻解体的结局就在所难免。社会对离婚的态度正变得越来越宽容，离婚在一定意义上被看作是提高婚姻家庭质量的保证之一。其中不同程度受西方价值观念的影响。高速率的社会变迁，正更替着人们的行动价值。高度个人化的生活方式，即对不同生活道路的选择已经得到了广泛的认可，家庭形式因此呈现出多元化趋势，通常意义上的由血缘、婚姻和收养关系联在一起构成的家庭只是众多选择中的一个而已。随着离婚率、晚婚率以及终身不婚率的上升，婚前性关系和性行为的日益普遍，所谓的“变异”家庭户增长很快。除此之外，再构家庭、单亲家庭、丁克家庭、同性恋家庭也在社会生活形式中占据相当比例并呈继续增长的趋势。

家庭生活形式无外乎是现代核心（包括夫妻）型小家庭和传统联合（包括主干）型大家庭。前者是指由夫妇及其未成年子女组成的家庭，其家庭规模较小，家庭人口较少，后者是指由多代和多对夫妇组成的主干家庭和联合家庭，其家庭规模较大，家庭人口较多。根据贝克尔的分析，多代和多对夫妻同堂型的家庭是一种古代社会的家庭模式，随着经济的发展、社会保障对家庭保障的替代，思想观念的变化，多代同堂的家庭不断减少，现代社会的家庭类型以核心家庭（包括夫妻家庭）为主。与传统多代和多对夫妻同堂的家庭不同，现代核心型家庭的生命周期，通常包括三个阶段：从结婚成家到生育小孩的两人家庭，从小孩出生到结婚分立的两代人家庭，小孩分立以后的两人家庭或空巢家庭。

现代人有着太多的选择空间，随着婚姻自由度的增加，婚姻不再是从众行为，结婚与否是个人经过深思熟虑的选择。这一代年轻人在对待婚姻的态度上，要比上一代人更多一些理性和冷静。他们对婚姻，既充满着浪漫的想象，也能抱以一种实用主义。对婚姻的期望随着小康生活的来临而变化，比如对收入的多少，对家务的投入，是否生育不再受到格外重视。双方更注重的是保持亲热，遵守婚姻协议，互相谅解，创造舒坦、静逸的安乐窝。这一代青年更愿意将婚姻看成一种生活方式的选择，他们可以根据自己的经济实力、感情需要等选择自己的婚期与伴侣，婚姻的内容与形式也发生了巨变。

## 一、丁克族

“丁克”一词为英文 Double income and no kids 的缩写 DINK 的译音，意即双收入、无子女的家庭结构。丁克族取消了传统家庭得以维系的两点：一是孩子，认为家庭不是建立在繁衍后代的基础上；二是经济，认为家庭不是一个经济共同体，夫妻双方在经济上都是独立的，自主的。丁克族认为情爱和性以及共同的精神追求是婚姻的基础。并且，如果没有了孩子的负担，婚姻生活质量将更高，不必沉湎在日常家庭琐碎之中，情感更纯粹，也能保持各自的人格独立。在中国，丁克家庭一般知识层次较高，经济收入也较稳定。如今丁克家庭如雨后春笋般成倍增长，尤其是在北京、上海这种超级都市里。

## 二、青年试婚

顾名思义，就是尝试婚姻，即男女双方为了考察性情及性爱上是否匹配，是否能在真正的婚姻生活中协调而做的尝试，是一种“准婚姻”状态，不承担婚姻所具备的法律上的责任和义务。随着离婚率急剧上升，“婚姻是爱情的坟墓”一说蔓延，20 世纪 90 年代以来，由于某些人出现了包二奶等非正常的婚姻关系，不少青年对婚姻望而生畏。性生活不和谐是夫妻离婚的一大原因，婚前性行为能避免因此导致的婚姻不美满，减少离婚率。于是，试婚这种正常而又特殊的现象在我国一些都市悄然流行，并成为一种时尚。

## 三、同性婚姻

“断袖”、“分桃”（指同性恋）古已有之。随着社会转型进程的推进，同性恋群体成为一个不可忽视的人群。随着社会开放度的增加，同性恋群体权利意识的逐渐增强，同性恋者的数量有可能继续增加。从社会学的视角来看，同性恋和同性婚姻也可看作是一种婚恋生活方式。正因为如此，部分学者和同性恋者提出同性婚恋作为一种婚恋生活方式，也应该得到法律、道德、习俗和宗教的认可，同性婚姻合法化的呼声可能会更高。与世界各国一样，中国同性恋经历了一个由隐蔽到逐渐公开的过程。20世纪90年代初，中国主流社会对同性恋持有极强的偏见与歧视态度，同性恋人群普遍处于高度隐秘状态，绝大多数人自我认同感极差。20世纪90年代后，中国的同性恋亚文化得到发展，同性恋者有了属于自己的交际场所，纷纷走出隐秘状态。当前，我国更容易接受认同同性恋和同性婚姻的是高学历群体。他们由于知识面较广，信息更新快，对新事物的关注度高，对同性婚姻群体的认识更多，包容度也相对较大。

## 四、自助家庭

这是在妇女地位提高的前提下形成的家庭形式。夫妻双方地位平等，权利与义务均衡，事实上，过去这在我国大多数家庭中是不存在的，而现在的一些自助式家庭，权利与义务平等通过契约的方式固定下来了。人们思想观念的解放和生活方式的多样，使市场经济观念渐渐地渗透到家庭中来。在自助式家庭里，双方有了独立的生活空间和经济基础，传统的你离不开我、我也不能没有你的家庭结构已经不复存在。在现阶段，人们正在以一种理性的、实用的态度对待生活。离婚，用现在一句时尚的话说，叫“结构调整”。离婚是需要成本的，与传统的家庭结构相比，自助式家庭结构，离婚所需要付出的代价则要少得多。

## 五、新“走婚族”

谈到“走婚”，人们会很自然地联想到泸沽湖的摩梭人奇特浪漫的走婚习俗。随着时代变迁，社会进入了一个多元化选择的时代，北京、上海等大都市中涌现出了这样的部落——走婚族。这一特殊的走婚族与摩梭人的走婚有着质的区别：走婚的双方是持有结婚证书的合法夫妻。但是，在周一到周五工作日，住各自的房子，过各自的单身生活，只是在周末聚居在一起，过夫妻生活。走婚又称周末婚，先是因为日本电视剧《周末婚》的播放，后在中国一些大城市被白领阶层效仿。认为能够维持男女双方各自精神生活和经济的独立，有各自的私人空间和隐私，平时各自安排生活，各自拥有生活空间和社交圈，同时保持婚姻的新鲜感，周末时的聚会能够调整到好的状态，而不会出现传统婚姻的审美疲劳和家务纷争。选择这种生活方式的夫妻，一般经济条件比较宽松，双方都有独立的工作，住房条件也较为理想，而且没有孩子的拖累。这种模式本身就意味着夫妻双方的经济、人格等方面的独立性都大大加强了，如果夫妻中的一方完全依附于另一方，那么，他们是不可能分开的。走婚族“抢滩”北京等大都市，并非偶然现象，而是有其深刻的时代背景的。当代中国社会普遍关注个体价值的实现和个体追求的满足，张扬个性、凸显自我已成为一大潮流。与此同时，成就取向得到越来越多人的认可。西方以个人为中心的生活方式和价值观念所带来的巨大冲击效应更加深了这种趋势的演化。成就取向对已婚者或未婚者，男性或女性，都造成了巨大的影响。特别对于已婚者来说，婚姻在实现个人价值方面有时确是爱默生所描述的“金色的鸟笼”，是一个甜蜜的负担。于是“走婚”便给了他们极好的选择：既可以利用充裕的时间工作、学习、交际、实现个人追求，又可以与配偶在周末小聚重温爱情的温馨、美好。可见，正是当今社会崇尚个性、自由的多元化时代为“走婚族”的兴起提供了发育的机会和发展空间。

## 六、青年“隐婚族”

“隐婚”是指刻意隐藏自己已婚的事实，而以单身的身份示人。在中国，婚姻作为终身大事，长期以来一直是一件力图做到张扬排场、尽人皆知的事情，而近年来在城市青年中，完全有能力张扬却对结婚低调处理者越来越多。其中一些人，对自己的婚讯要么矢口否认，要么秘而不宣。隐婚现象只可能出现在城市中，农村中几乎不会出现隐婚。在城市，人们的观念变化较快，生活异质性强，私密性高。不仅是人口迁徙的原因，中国目前向“后单位社会”的转变，所带来的社会“松散化”、“碎裂化”，从许多方面也给隐婚制造着条件：取消福利分房，取消强制性婚检，结婚不用单位出证明，工作者跳槽频繁等。人们的生活自由度加大，为隐婚提供了某些客观条件与动因。人们在结婚前后所面临的人际关系与环境影响是大不一样的。结婚之后，人们需要把精力更多的放在家庭上，需要负起对配偶、子女和其他亲友的责任，在与婚前交际圈的联系上不免弱化，有的甚至会中断。为了协调人际关系，简化环境对自己学习、生活、工作的影响，有人会尽量隐瞒自己的婚姻。也有为了现实利益或职业女性规避已婚后的就业歧视而隐婚。一些崇尚个性的青年仍然认为，隐婚只是一种生活方式，他们不愿意自己的生活陷入某种固定的模式，而愿意选择一种低调的、更加自我的生活方式。

随着转变观念的年轻一代的增多，新内容的成分也会越来越大，其间还包括在一些地方一些人群中流行的夫妻交换等婚姻生活方式，然而这并不会完全代替传统模式，主要的婚姻家庭模式还是传统的，也是我们大多认同的主流婚姻价值观。

# 第八章　青年心理：从压力困惑到积极向上

青少年健康发展将影响到国家的发展和国际竞争力。新世纪人才不仅要有高的智商，也需要更高的情商。人才素质的要求不再仅仅局限于某门专业技能的掌握或单纯知识的运用，而且要有适应社会的综合能力。而竞争的激烈，需要极强的心理承受能力，经得起风险的考验。人际交往频繁需要健全的社交心理，要学会与人相处，养成与人合作的态度和团队精神，发展自立的意识和勇于创新的精神。世界卫生组织关于健康“不仅是没有疾病和虚弱而已，而且是个体在身体上、心理上和社会适应上的完好状态”的权威定义说明，健康是一个生理健康、心理健康和社会适应的整体概念。

## 第一节　当代青年心理健康状况

当前社会变迁、经济发展，使得人们生活节奏骤然加快、信息爆炸和过剩、价值观多元化、社会竞争日益激烈、心理冲突增多。青少年面临着学习、就业、经济、人际关系等诸多压力，同时，面临着成长期固有的困惑而缺乏相应的心理和精神调适。由于心理活动状态的不稳定、认知结构的不完备、生理成熟与心理成熟的不同步，以及对社会和家庭的高度依赖等，青少年比成年人有更多的焦虑，会遭遇到更多的挫折，因而更容易产生心理障碍。

## 一、青少年心理健康问题增多

目前，青少年总的发展情况良好，然而，社会环境的变化及其身心变化也加深了他们的心理矛盾和心理冲突，心理和行为问题增多。近几年，因心理疾病、精神障碍等原因休学、退学、自杀、凶杀等反常或恶性事件时时发生，青少年心理健康已经渐渐成为社会关注的焦点。国内有关机构对青少年健康状况所作的多项研究结果表明，有10%到30%的青少年存在着各种不同程度的心理障碍、心理健康问题，并且这个比例有不断上升的趋势。由中国青少年研究中心公布的一份调查报告称，中国17岁以下的青少年中，大约有3 000万人受到各种情绪障碍和行为问题的困扰，其中，中小学生心理障碍患病率为21.6%至32%，大学生有心理障碍者占16%至25.4%。全国大学生中因精神疾病而退学的人数占退学总人数的54.4%。种种现象表明，如果只重视知识的学习而不重视青少年心理和人格的健全发展，就会导致青少年种种严重问题的发生。青少年心理健康问题近几年又有上升的趋势，突出表现为人际关系、情绪稳定性和学习适应方面的问题。中国经济和社会的迅速发展促进了青少年体质健康的改善，然而，心理障碍患病率却呈上升趋势。

青少年心理健康的标志表现为身体健康、认知正常、感情成熟、人格健全、关系和谐和行为稳定6个方面。由此，青少年心理问题大体表现为由学业带来的心理压力、学习适应障碍；不相信他人，自以为是，偏激固执；对学业、前途、未来丧失希望，精神苦闷，情绪低落；对新的环境和生活不适应，不习惯教师的教学方式；情绪不稳定，反抗及逆反心理，还有各种原因造成的压抑、焦虑、恐惧、孤独、人际交往障碍、社交不良、耽于幻想、猜疑心、单相思、早恋等心理问题。其中，学习压力大是当前青少年存在的最严重的心理问题。竞争激烈、父母期望值过高，这些都使得青少年的精神压力越来越大。造成精神上的萎靡不振，从而导致神经衰弱、失眠、注意力分散等多种症状出现，其中考试焦虑更为突出。据调查，有70％的家庭存在教育方式不当问题，要么过分保护，要么过分干涉。在家里，父母关心的是孩子的学习成绩和身体健康情况，对子女的思想变化、心理状况则关心甚少，相互之间缺乏理解和沟通。青少年正处于身体急剧发育期，特别是性方面的发育和成熟，随着年龄的增长，他们渴望对外部社会有更多的了解，人际交往也逐渐增多，各种各样的信息纷至沓来，这就使他们要处理的问题越来越多，越来越复杂。青少年的自我中心意识强，人际交往能力弱，不善于处理与同学、老师、父母的关系，显得人际关系不协调。很多父母都感到青春期的孩子最难教育，亲子关系的矛盾突出。种种压力常常交织在一起，矛盾此起彼伏，而他们的调节能力还比较差，很容易产生心理不平衡。青少年不像成年人那样善于控制或掩饰自己，常常喜怒皆形于色，便显得情绪忽高忽低，不稳定，有的表现为抑郁情绪，还有的出现强迫症等。

## 二、青少年心理问题成因

青少年心理障碍问题，归根到底是素质教育问题。以分数和升学率来衡量学生、老师和学校，忽视了道德品质和人生观的教育。青少年时期是身体、心理发生转变的一个重要阶段，他们正处于半独立半依赖、半成熟半幼稚的“心理断乳期”，其心理问题产生的原因是多方面的。

### （一）社会环境导致的心理压力

价值冲突的影响。改革推动了社会变迁，而社会变迁作为重大的应激源将不可避免地给每一个个体带来心理冲突和心理压力，如文化移入的压力、价值冲突的压力、生活事变的压力等。当前青少年处于价值观多元化时代，关于金钱、正义、公平、爱情、社会责任等往往难以排序，社会万象少数与多数如何衡量，主流与非主流的关系区分，正面教育与“生存哲理”的反教育之间的取舍，何为终极价值等道德与价值的选择，以及学习、就业和人际交往焦虑的压力，使还没有足够独立与成熟的青少年产生抑郁情绪。而青少年又往往愿意寻求外界的赞同与认可，如果过度迎合对方的需要，对爱情永远没有安全感，再加上生活中的挫折，会患上抑郁症。其中，有少数性格内向、孤僻、承受挫折能力低的人容易长期陷入抑郁状态，严重者最后就会产生自杀行为。

信息过度形成阻碍。在发达的现代性社会中，可能会危害青少年心理健康的一个潜在威胁就是过量的社会信息。对比传统生活，每个人都要面对更多的人，处理更大量的信息。当一个人在适应过多的刺激时，他们将采用一定的“过滤”策略试图阻止其中某些信息的输入，这样形成的习惯将会造成个人参与主动性降低，并且较不愿意协助他人。这种负面影响的表现之一就是青年的容忍程度降低。一项在大学生宿舍中进行的对比研究发现，那些生活在拥挤的走廊式公寓楼中的大学生，比住在套房式公寓中的大学生，更倾向于避免社会接触，更不能容忍房间中过多的人群，更不能忍耐别人影响自己。

传统文化的固有因素。导致心理疾患形成的心理社会因素，遍及了人格、家庭、社会、文化等诸多方面，而心理异常最深层的根源是来自文化上固有的缺陷。也就是说，传统文化本身就存在着促发心理疾患的病态基因。中国人的主要神经症倾向均可从传统文化中找到根源。强迫症是源自早期社会化过程中的求同性训练以及苛求完美的认知习惯；抑郁症是源自文化对个体自我的过度压抑与制约；焦虑症是源自依附性训练以及传统文化限定下的人际关系充满戒备与敌意；社交恐怖症是源自文化对个体的社交能力要求过高，对人际交往中的应变性要求得过于复杂。一些学者更为具体地谈到中国传统文化中对男女两性性别角色及行为形成了较为固定的看法或信念，面子观念，家族意识，传统的望子成龙的亲子关系，伦理道德和心理保健意识薄弱等都容易导致心理疾患的产生。

个人发展和情感问题。学业和恋爱是大学生自杀的两大直接诱因。大连医科大学学生心理健康教育中心根据临床心理咨询经验和一线咨询结果表明，80％大学生的心理障碍问题是由于“两性”和“婚恋”问题引起的。与本科生相比，硕士、博士等精英人群在求学中还要面临恋爱、婚姻、家庭生活等现实问题。同时，对学业期望也有非常严重的焦虑。尽管学科研究更细更专，学习强度更大，但是在就业时市场却与学生的预期相去甚远，高知人群的承受能力日益脆弱。

经济压力。高额的学费和生活开支增加了贫困生的心理压力。经济的窘迫，使这些学生心理负担十分沉重，感到苦闷和压抑。在大学校园里，同学间在生活上的互相攀比，导致贫困大学生由于经济上的困难难以在群体中找到心理归属感，过于敏感和不合群，从而造成人际交往和人际沟通困难。而农村基础教育条件相对落后，很多在当地中小学的佼佼者，进入大学后学习上的优越感消失，社会经济资源的匮乏导致农村贫困学生“个人资本”匮乏，唯一可以证明他们能力的便是“学历资本”，而人际交往、组织、策划管理等能力的提高并不明显，和其他大学生相比，明显处于不平等的地位。如果说在校内的差异还不是很明显的话，那么在就业过程中这种劣势就很明显。贫困大学生是弱势群体中的一部分，受到弱势人群所固有的价值观、心理特征的影响，最容易表现出来的就是自卑感。并且，我国高校对贫困大学生的“奖、贷、助、补、减”等措施都需要对他们的身份进行核实，往往需要他们出示一系列的乡镇贫困证明、院系证明、高校学生处证明、班主任辅导员的证明，甚至在年级公示等。这样往往就给贫困大学生贴上了“贫困生”的标签，容易感觉到自己被孤立于其他人群，认为自己应该表现出“贫困生”应该表现出来的心态和行为，如自我封闭，遇到困难不愿意向师生求助，倾向于采取极端自我的方式去解决问题等。经济地位低下带来了一系列关于青年教养方式、受教育机会、接触环境等问题，影响着青年的心理状况。研究表明，家庭经济状况与青年心理有着紧密关系。一些数据表明，更多的心理疾病患者是来自社会经济状况不稳定的家庭。国内也有研究者使用 SCL—90 量表对大学生群体进行家庭收入与心理健康状况的比较，发现来自低收入家庭的大学生，在“人际关系障碍”和“抑郁”这两个维度的得分明显偏高。

### （二）家庭教育对青少年心理影响较大

据统计，我国20％—30％的家庭中存在心理精神问题，全国心理疾病病人约1 600万，1/3是在儿童、青少年时期发病。而且，存在心理健康问题的青少年近年还呈上升趋势。由于近年来我国的独生子女增多，生活节奏的加快，多种信息的大量流入，实际存在的激烈的相互竞争，再加上有的家长教育思想和方法僵化、粗暴，我国青少年的心理问题发病率有明显增长的趋势。

我们过去在传统意义上关注一个孩子的成才发展，更多地关注于他的知识和智力上的发展。现在独生子女的家长过多地关心孩子，提出“从起点上竞争的”口号。他们把相当大的心血和期望倾注在孩子身上，将自己由于种种原因而不能实现的愿望加负于孩子。除了学校的功课外，周末还要参加各式各样的学习班，请家教补习功课。家长们不惜花费大量的精力和物力培养孩子，却常常忽略了孩子心理素质的培养，这样孩子的未来往往是因为心理原因而无法获取成功。许多家长对孩子寄予很大的希望，却不了解孩子，甚至于那些不正确的关爱构成了对孩子的伤害。在一段时间里，我国的德育教育没有从孩子的实际出发，往往是倒金字塔德育教育：小学进行共产主义教育，到大学再进行那些做人的基础性的养成教育，道理讲得多，实际存在着很大的问题。从幼儿园开始，孩子们就生活得非常累。在长期的传统方式管理下，很多青少年一直处于被动地位，逐渐丧失了主体意识，依赖父母、依赖老师、依赖他人，一旦失去依赖，便无所适从，心理承受能力很差。并且由于课内学习内容比较单纯，社会生活知识相当贫乏，遇到麻烦、挫折不会应对，有的甚至对青春期生理变化一无所知，对一些正常变化也无端地惊慌失措，成为思想包袱。

对独生子女而言，父母把全部的爱都倾注在了他们身上。但是，青春期的他们对这种情感是不理解的，有的甚至是充满敌意的，常常与家庭对立，与父母对抗，甚至出现过激行为。独生子女身上肩负着一家两代人的希望，父母的期望在很大程度上影响着、甚至取代了孩子的理想，这经常造成青少年才能与理想的偏差，从而产生烦恼、冲突和很大的心理压力。

**（三）青少年生理心理成熟继续加快**

随着人们生活水平的提高，青少年的生理成熟呈现出提前和加速的趋势，其身高、体重等主要形态指标比任何时候都有大幅度的增长。但心理年龄却没有提前，呈现出心理发展相对滞后的情况，身体与心理成长错位。从心理学来看，人的发展有很多阶段，每个人在每个阶段都要完成相应的发展任务。如果一个人的心理发展落后于生理发展，那就会出现心理健康问题，所以，心理年龄与生理年龄要相符。青少年要求独立的意识十分强烈，感到自己长大了，希望与成人获得同等的地位和权利。事实上，青少年并未成熟，在认识、情感、行为上缺乏一些必要的知识和能力。比如，青少年的自杀往往是对某种事物的逃避或失望而引起的，在逃避仍不起作用或者当无法逃避时，他们就会选择这种最极端的方式。有的青年在以自我为中心的思维方式下很容易把爱当成一种交换，失恋后一旦觉得自己的付出没有得到应有的回报，便容易走向另一个极端，采取一些过激行为。日本心理学家本松原达哉认为，从自杀者的性格特征看，过于内向，孤独、容易陷入焦虑与绝望感中，偏执，过分认真，责任感过强，缺乏兴趣爱好，情绪不稳定，心情多变。不少青少年经不起挫折，心理承受能力非常脆弱，有人明知自己心理不健康，也不积极改善本人的心理状况。据调查，自杀的青少年在自杀前，很少有人去心理咨询。他们或者由于太封闭，不愿与人交往，也不知道去心理咨询。

心理学家认为，青少年的情绪情感的深刻性和稳定性虽然在迅速发展，但仍然具有外露性、易变性、冲动性和肤浅性。青少年容易狂喜、暴怒，也容易极度悲伤和恐惧。情绪来得骤然，去得迅速。顺利时得意忘形，受挫时垂头丧气。由于青少年理智和意志较薄弱，可是欲望较多，如果家庭、社会、学校不能完全满足他们的需要，就会不由自主地产生一些不良的情绪。他们抑制不住这些激情的爆发，也驾驭不住激情的强度，经常处于情绪困惑之中。

**（四）学校、社会心理健康教育体系不够健全**

不少学校从教师到领导对心理教育的意识还很淡薄，学校心理健康教育工作队伍相当薄弱。目前，高校的心理咨询教师配备数量仍远远不足。国际通用标准是每1 000人配备一名“心理辅导师”，而我国每5 000人还分配不足一名心理咨询师。而且从质量上看，我国的心理咨询师还处于政治思想教育水平，与公共心理卫生“医师”水平相去甚远。学生在学校里找不到倾诉的对象和空间，有大量的心理疾患得不到治疗。如果轻视或漠视青少年心理健康教育，全面推进素质教育就很难落到实处。由此看来，重视和加强青少年心理健康教育已成为学生全面健康成长和全面提高教育质量的关键。

## 第二节　当代青年心理健康内涵及拓展

21 世纪是一个充满竞争的世纪，它要求每个人有很强的社会适应能力、与人合作的能力，拥有自信和忍受挫折的能力。如果不能很好适应，就会出现各种各样的心理问题。所以许多人这样断言：从现在起到 21 世纪的中叶，没有任何一种灾难能像心理冲突那样带给人们持久而深刻的痛苦。

### 一、“心理健康”内涵

心理健康是一种内心世界平衡稳定，人格健全，能以社会认可的方式积极适应外部环境及其发展的良好的精神状态。心理健康首先是一种良好的心理状态，在这种状态下，内心世界丰富，精神生活充实，潜能得以充分发挥，人生价值能够体现。从动态的角度来讲，心理健康的个体能够主动、积极地适应不断变化的环境，在这个过程中自身的人格不断得到完善和发展。

传统上，心理健康较多地从心理功能的角度来理解。然而，近二十年来大量的研究表明，人类发展是在生理、心理的人类有机体和外在环境之间复杂互动的过程中发生的，心理功能本身就是生理、社会功能与其之前达成的发展成果之间复杂作用的产物。大多数的心理或生理疾病不仅有其生理的基础，而且都反映了生理健康与心理健康之间相互影响和相互依赖的关系。心理功能失调不仅与个人的神经、免疫系统功能、与个人的健康行为相关，更直接地受到个人所处的自然和社会环境因素如城市化、贫穷、科技变迁、冲突及各种年龄、性别和种族歧视等的极大影响，尤其是贫穷群体的心理失调发病率超出一般人群的1.5—2倍。

世界卫生组织提出，“健康不仅仅是消除疾病，更应是一种生理、心理和社会的完全幸福状态。”①这包括两个方面的含义，一是心理健康。是个人和社区赖以实现其幸福和有效功能的基础。它对于人类生活的许多方面都是十分重要的，包括主观幸福感和思考、理解和解释自身处境的能力，以及应用这些能力来适应和改变环境、与人沟通、实现成功的社会互动等。健康人的能力和功能使我们能够经历有意义的生活，帮助我们成为这个社会中有创造力和生产力的一员。二是心理疾病。它是关于心理失调、症状和问题的概念。心理失调在现在的诊断分类中主要是依据症状的状况。心理症状和问题也存在于没有（达到）临床的失调标准（的人群）中。这些亚临床状态常常是持续或暂时不幸的结果，它们同样会成为个人、家庭和社会的明显负担。②

## 二、青少年心理健康标准

达到一定智力水平。智力是以思维为核心的各种认识能力和操作能力的总和，也是衡量一个人心理健康的重要标志之一。智力包括观察力、

① WHO：The Ottawa Charter of Health Promotion.http://www.who.int/，1986.

② WHO：Promoting Mental Health：Concepts，Emerging Evidence，Practice. http://www.who.int/，2004.

记忆力、注意力、思维与想象力以及各种操作能力等，智力发展水平要符合实际年龄的智力水平。一般智商 80 以上为正常，正常的智力是人最基本的心理条件，是心理健康的首要标志，是青少年正常学习、工作、生活的前提。同样，青少年的一切智力活动，只有在心理健康的保证下才能顺利进行。心理健康的人，能排除学习和创造过程中的障碍，促进智能的发挥与发展。如果一个人经常地处于焦虑、郁闷、孤僻、自卑、怨恨等不良心理状态，就不能在学习和生活中充分发挥智能。如性格孤僻、存在自满或自卑心理，就会妨碍认识能力的发展；感情脆弱、缺乏毅力，就难以战胜学习、生活中的困难挫折；闭锁性心理不利于培养逻辑思维能力；颓废心理带来的自暴自弃与精神空虚，足以构成青少年学习和成才的大敌，势必抑制学习兴趣，削弱进取动力和动摇成才目标。

保持学习能力。随着信息时代的到来，人类将不再感到大自然的局限性，争夺匮乏资源的政策将成为过时的东西，因为人类掌握了取之不尽的资源形式：信息、知识和精神。从一定意义上讲，人类社会的经济发展过程是一个知识积累的过程。知识正在逐步取代传统的资本和权力，成为世界经济发展的支配力量。同时，这种力量也改变着人们的意识和观念，认为经济增长是以知识为基础的经济，综合竞争最根本的是知识的产生及对知识运用的水平、速度、质量和效益，无形资产的价值要高于有形资产。面对如此迅速的知识发展的加速度，一个心理健康的人，一个正常的大脑要善于随时接受新的信息，承认新信息的现实性。在当代，信息获取的速度往往直接关系到信息本身的价值。青少年不仅要及时迅速地承认、接受新的知识信息，更重要的是要善于识别信息的科学性及对自己成长发展的有用性。

良好的人际关系。人的现实生活是靠人的关系活动即对象性活动来实现的，怎样对待他人，在一定程度上取决于人怎样认识自我，即对自我的内在本性、需要和自我在外显环境中的地位、特征的意识。如果人的自我意识认知合理，调控有效，人就能形成良好的人际关系，呈现出社会性这一人最本质的规定性。心理健康的青少年能够与同龄人建立平等、互助、合作、和睦相处的伙伴关系。如果早期社会交往被剥夺，家庭不和睦、接受较多消极影响，易形成孤僻、敌意、敏感、过度警觉、自我为中心、妒忌、自私等不合群的不良个性，而导致人际关系的不协调。人与人的关系是人的关系世界的本质组成部分，人的和谐状态取决于个体与各种人际关系的良好的情感联系，有效的交往、沟通、互动，一定的信誉度，适当的合作精神等，都会直接影响青少年的生活状态的和谐。

稳定的情绪。心理健康者经常能保持愉快、自信、满足的心情，善于从行动中寻求乐趣，对生活充满希望，情绪稳定性好。情感表现乐观而稳定，心胸开阔，对一切充满了希望，既不为琐事耿耿于怀，也不冲动莽撞，能保持以平常心对待，以愉悦的情绪去感染人和帮助人。青少年经常保持轻松、愉快、稳定、协调的情绪，良好的心理状态，可使整个身心处于积极向上的状态。

良好的环境适应能力。环境适应能力包括正确认识以及处理个人和环境的关系。对环境的适应能力标志着心理健康水平，一个心理健康的人能够较快地适应变化了的环境，包括学习环境和生活环境、自然环境及人际环境等。即使突然发生意外变化或身处恶劣环境中，也能较快地顺应环境并保持心理平衡。健康人的心理活动和行为模式是和谐统一的，对外部刺激反应适度，表现既不异常敏感也不异常迟钝，并具有一定应变、应对能力。有些独生子女由于早期社会化的娇生惯养，形成了他们生活自理能力低下，不能有效地处理与现实环境的关系，往往导致适应性障碍。有的人人格偏执，看问题极端，这样的人容易产生心理问题。心理健康者能对环境做出客观的认识和评价，使个人行为符合环境的要求，在集体中自信、自尊、自重，独立自主，少有自卑之心，也不傲视他人，对自己的优缺点有正确的评价与要求，有创新能力，在实践中不断开发自己的潜力以实现自己的理想与人生价值。

健全的个性特征。个性（人格）是每一个人独有的心理特征及特有的行为模式，具有相对的倾向性和稳定性。是在先天素质的基础上和后天环境的长期影响下形成的，是一切心理特征的总和。人格完整是指人格构成的气质、能力、性格、理想、信念、人生观等各方面平衡发展。心理健康的最终目标是保持人格的完整性，培养健全人格。具有健全人格的人能保持正确的自我意识，接纳自我。形成良好、健全的个性是个体适应环境的重要保证，自幼培养青少年客观而积极的自我意识，能适度控制情绪与行为，使行为符合社会道德规范。

心理耐受力达标。对突发的强烈精神刺激或长期精神刺激的抵抗能力，以及对压力、失败、挫折的心理承受能力即为心理耐受力。对自己的言行举止表现出有一定的自觉性，独立性和自制力，既不刚愎自用，也不盲从寡断。青少年正处于心理发育和个性形成时期，其可塑性强，应及早培养他们不怕苦、不怕累、抗挫折的坚强意志力，不断提高心理承受能力，有利于心理健康。

心理自控能力强。心理活动自控能力强的青少年，其注意集中水平高，记忆和意识活动有效水平也高。而自控能力较差者，其注意集中水平低，注意力难集中，缺乏专注性，其记忆和意识活动有效水平低，往往导致学习困难。

心理健康是青少年综合素质的重要内容。一个人的综合素质包括政治素质、思想道德素质、科学文化素质、身体素质和心理素质。在所有的素质中，心理素质是基础。我国著名教育心理学家燕国才说：心理素质好似人的脊柱，如果缺少良好的心理素质，那么一个人的政治素质、思想道德素质、科学文化素质、身体素质都不能得到很好的发展。良好的心理素质有利于形成良好的政治素质和思想道德素质，有利于青少年学好科学文化知识，还有利于大学生身体素质的提高。心理学家曾调查了40余名获得诺贝尔奖的名人。研究证明，他们中并不是所有的人从小就有很高的智商，他们的成功是由于在心理素质上高人一等。心理学家也曾经追踪调查了一些在小时候有较高智商的超常儿童，追踪到50岁。结果表明，并不是每一个超常儿童最终都能成功，只有那些心理素质好的最终获得了成功。

## 第三节　加强青年心理健康教育

心理健康既是一个国际普遍性的热点问题，又是一个颇具时代性的焦点问题。人们对心理健康的共同关注说明心理健康问题的研究不再是某一单一学科或某一部分人的问题。今天青少年面临的挑战和机遇是前辈无法比拟的，他们所经受的压力和困惑同样也是前辈无法比拟的。在诸多压力中，对青少年冲击最大的是心理问题。让青少年学会承受压力，并在压力下保持良好的自信心和进取心是他们不断进步和发展的可靠依据。

## 一、明确青少年心理健康教育任务与目标

青少年心理健康教育是向青少年传授心理学方面的基本知识，帮助其提高心理素质，健全人格，增强承受挫折及适应环境能力的一种教育活动。它不应该被看作是仅仅面向少数心理不健康学生的教育，而是要看作是为了提高全体青少年心理健康水平的教育。每一个人在个人适应发展的过程中都会产生不同的心理困惑，有时个人可以解决，有时就需要心理咨询协助解决，这是完全正常的事情。在国外，心理教育与咨询非常普遍，人们视寻求心理咨询为一种美妙的精神按摩，是协助个人发展的一件好事。至于心理疾病的治疗，那主要是医院精神科医生的工作任务，不是一般心理咨询工作的范围。

从教育实践中可以看到，尽管青少年心理健康状况不容乐观，但大多数人的心理问题主要表现为发展性心理问题，即在成长过程中遇到了发展与适应困难而产生的，如环境适应问题、学习管理问题、人际关系问题、异性交往问题等，这些问题具有群体性、普遍性特点。因此，及时把握青少年的发展性心理问题，帮助其学会及时调节、疏导和解决这些问题，避免产生更为严重的心理问题是心理健康教育的根本。由此，心理健康教育应建立以发展性为主，障碍性为辅的心理健康教育模式，积极开展以发展性、预防性为主的教育活动。对少数患有心理障碍者进行治疗，帮助其摆脱困难。同时，应立足于整个青少年群体的健康成长，

对大多数基本健康、正常的青少年积极开展工作，努力使他们的心理和行为问题化解于萌芽状态，帮助其形成健康的心理人格，从而在学校形成整体的心理健康氛围。心理健康教育的主要任务是帮助青少年认识自我、发展自我，增强对现实社会的适应能力与发展能力。

世界卫生组织认为通过目标人群的广泛参与，来解决一系列潜在的影响健康的风险性社会因素，以促进个人和社会的正面发展。为此，它采取的干预模式分类与传统上以问题和个案为本的三级网络完全不同，它是一种以健康为本的分类，针对的是整个社区。比如，在干预层级分类上，心理健康促进强调：一级是广泛性健康促进——针对整个风险性人群，不论他们是否有风险性行为；二级是选择性健康促进——针对那些有生理、心理或社会风险性行为表现的个人或次群体；三级是指定性健康促进——针对那些已发现心理失调症状，但在医学上还够不上精神病诊断标准的个人或次群体。在干预策略上，心理健康促进一般采取的是一个增强能力的干预模式，强调将正面心理健康概念操作化，建立干预对象的长处、能力和自我效能感，注重从社会生态着手建立支持性的社会结构。

## 二、提高青少年抗挫折能力

一个人的成长，必然经过许多艰难曲折。在困难和挫折面前，一个人能否经得起考验，能否战胜逆境勇敢地拼搏和进取，是成功与否的关键。孟子曾说：“天将降大任于斯人也，必先苦其心志，劳其筋骨，饿其体肤，空乏其身，行拂乱其所为，所以动心忍性，增益其所不能。”从心理学的观点看，孩子受一些挫折，对他一生的健康成长有极其重要的意义。人的心理分为知（认知）、情（情绪管理）、意（抗挫折能力等意志）三个方面，从青少年的现状来看，情、意方面非常不足，在抗挫折、耐磨难方面普遍存在缺陷。不少人遇到困难或挫折后经不起考验，精神上处于压抑状态，情感失控造成心理疾病。因此，教育者要根据青少年的年龄和个性特征，通过不同形式，对他们进行抗挫折教育。可以有意识地创设一定的挫折情景，锻炼他们吃苦耐劳、勇敢顽强的精神及挫折耐受力。挫折情景的设计一定要符合青少年的水平和特点，使之既有利于提高积极的心理耐受力，又不超过个体的心理承受度，避免损伤自尊心和自信心。同时，帮助青少年正确归因挫折，要根据自己的情况酌情而定，通过转移、升华、补偿等方法，理智地走出挫折阴影，从而锻炼、培养承受挫折的能力，获得人生追求的最佳状态的成功。

值得注意的是，多数人产生心理障碍的根源在于连续遭受挫折，而一个人挫折感的大小和他的预期和抱负水平密切相关，如果期望和抱负水平过高，做同样的事，得到相同的结果，他感受到的失败感就大，体验到的挫折感也较强。因此，帮助青少年正确地认识、评价自己，制定计划时要充分考虑到它的可行性，求职时要根据自己的能力和兴趣爱好，抱着能吃苦耐劳的精神，而不能好高骛远，这样才能减少挫折感，心理才会健康、积极向上。

## 三、建设多角度心理素质教育系统

多角度心理素质教育系统是以学校心理健康教育研究为中心，通过课堂教学、校园文化、社会实践等多角度对青少年进行心理素质教育的系统。从系统心理专业授课角度入手加强心理素质教育，建立心理健康档案。通过个别咨询、团体咨询、电话咨询、网络咨询、书信咨询等多种途径开展心理咨询工作，帮助有问题的学生疏导不良情绪、缓解心理压力。发现有严重心理障碍和心理疾病者，要及时将他们转介到专业卫生机构治疗。

当前，心理健康教育的问题之一，是缺乏能够熟练掌握和运用心理学专业知识的教师。要成为学生心理健康的导航人，就必须具有足够的心理健康方面的知识，有良好的专业技能，仅凭热情和爱心是远远不够的。所以对相关教师开展心理学知识的培训，提高其专业技能，是有效开展学校心理健康教育的前提，也是保证心理健康教育顺利实现的关键。

尽管学生的主要活动发生在学校，但家庭和社会对他们的身心健康有重要影响。青少年与家庭亲属的联系最为密切，父母的价值观念和思想行为对他们的影响很大。在国外，许多父母都会避免在孩子面前提起自己在社会上遭遇的不愉快。而在国内，许多父母却缺乏对孩子的基本保护意识，直接就在孩子面前谈论社会上的种种负面事件，妨碍了他们的正常成长。因此，家庭教育要讲究一定的方法，特别是要讲究与孩子沟通的方法，注重科学化和民主化，引导孩子处理好各方面的人际关系，鼓励孩子与同龄人一起生活、学习、玩耍，从中学会与人相处的技巧。不要勉强孩子做一些不能胜任的事情，孩子的自信心多半是由做事成功而来，强迫他们做力所不及的事，只会打击他们的自信心。同时，家庭应密切关注并形成有利于青少年心理健康的良好环境，社会应形成重视青少年心理健康的良好氛围，学校则应与家庭、社会密切配合，有针对性地开展工作。

基于网络对青少年的影响，对青少年的心理健康教育必须随着网络的发展而采取相应的教育方法。通过网络实行个别化心理健康教育，提高心理健康教育在生活中的影响力，也可发现潜在的严重心理障碍者，及时采取适当的教育对策。针对有一般心理障碍和严重心理障碍者的咨询与治疗，可建立心理理疗与保养内容，针对有些青少年因学习方法不当、人际交往不良、单相思、心理调节能力差造成心情压抑、焦虑不安，影响正常的学习和生活，有针对性地实施心理健康教育，不仅是网络生存的需要，也是实施心理健康教育的必需。

## 四、关注影响青少年心理健康的关键因素

修养与人生追求。青少年正处于人生发展的重要时期，是世界观、人生观、价值观形成的关键时期，他们在成长过程中遇到的困难和矛盾，产生的困扰和冲突，会形成这样或那样的心理问题。而这些心理问题又往往同他们世界观、人生观、价值观的形成交织在一起。心理问题的解决，从根本上讲要以树立正确的世界观、人生观、价值观为前提。因此，青少年的素质教育要在理想信念、思想品德、行为养成、心理健康等各个层面全面展开。青少年只有树立起正确的人生观和世界观，才能对周围的事物有正确的认识，做出适度的心理反应。价值观和道德观为青少年认识自身、认识世界提供了标准，这是青少年保持身心健康的必备因素。同时，青少年要有强烈的法律意识，在学习和生活中自觉按照各种法律法规办事，明确自我必须遵守的社会规范。

心理健康知识。青少年要掌握心理健康知识，学习自我心理调解的技能，培养良好的心理素质。现在许多大中小学都开设了心理健康课程，成立了心理咨询中心，开展了多种教育活动，对青少年心理发展起到了很好的作用。我们应当鼓励青少年运用心理咨询来帮助自己排除心理困扰，获得心理的健康发展。从心理学角度来看，大学生存在高自杀率最根本的原因就是认知能力和情感能力不平衡，也就是智商和情商的问题。但现实的情况是，我们从小到大的教育只有认知学习，从来没有情感教育，相关的心理知识掌握很少，自我管理，尤其是情绪管理教育缺位，所以，在今后的教育中要加强这方面的教育内容。

经济与分配。世界卫生组织报告指出，由于日益增长的精神疾病的负担已经远远超过任何一个国家医疗能力所能承担的范围，单靠治疗力量已经不足以解决日益沉重的精神疾病负担。事实上，已有研究证据表明，精神疾病的高危人群往往都是社会中的弱势群体，要解决精神疾病分布的不平衡问题，不仅要运用生理、行为的治疗，更要关注资源分配不均的后果；另外，也有越来越多的证据显示心理健康与生理健康、幸福与成就之间是相互联系，促进正面的心理健康不仅能降低心理失调发生率、改善生理健康，而且能带来较好的教育表现、较好的生产能力和较好的家庭及社区关系。也就是说要关注那些影响健康的社会决定因素，以及目标人群的能力、资源和优势建设。

标签影响。标签理论可以追溯到库利、米德和戈夫曼等人的思想，其中，以美国社会学家霍华德·贝克尔（Howard Becker）为主要代表。20世纪60年代，贝克尔提倡标签理论，运用互动理论观点来解释犯罪行为的形成过程。其主要思想是：在人际交往过程中，他人是一面镜子，通过他人的反应，我认识并确定了自我，他人的反应作为标签贴在我的身上，就形成了他人和社会对我的看法，这个标签会进一步使我不断强化并接受我的这种形象，并且按照这种形象生活下去。后来标签理论在心理健康领域被广泛引用，认为一个人一旦被标签化，便会产生烙印效应，被标签的对象就会自我修正为标签的形象，其他人也会用“标签”看待被标签的对象。对于贫困大学生的心理辅导，也同样要注意“贫困”标签的影响。在学生工作的过程中特别是在贫困大学生的评定过程中，既要考虑公开，又要考虑对他们隐私的保护，积极完善贫困大学生的评定和公示等制度。

## 五、借鉴国外心理健康教育的先进经验

近年来心理科学蓬勃发展，世界各国都非常注重青少年心理素质培养，积累了丰富的经验。目前，国际上一般将心理卫生的预防工作分为三级：一级预防，设法从根本上消除问题的原因，提高心理素质，防病于未然。具体做法包括社会性宣传教育、优生优育、举办家长学校、专业人员培训等；二级预防，早期发现、早期干预、除病于萌芽。包括建立筛查技术方法和规程、学校心理卫生教育与咨询、问题儿童的处理等；三级预防，治疗疾病，减轻损害，促进健康。通过专门治疗机构治疗儿童疾病，改善所处环境，促进其康复，同时，为一二级预防提供技术资料、培训人员、提供咨询指导。

新加坡针对青少年心理健康问题采取的措施是严格控制网络。新加坡广播管理局对网络服务提供商和内容提供商实行许可证制度，要求服

务提供商限制公众进入负面影响大的网址，要求内容提供商遵守互联网操作法典，不将色情、暴力和煽动种族和宗教仇恨的内容提供给公众。此外，还通过丰富多彩的社区、社会活动吸引青少年。

俄罗斯利用教育心理学排忧解难。教育心理学在俄罗斯创立已有百年，目前，俄罗斯各类学校积极应用教育心理学的成果帮助心理有问题的学生，已经初成风气。根据俄罗斯教育部的规定，幼儿园、中小学、少年宫、高等院校可在教育部的领导下，自发设立心理辅导教室、心理援助中心等。心理学老师的职责是，通过心理测试和谈话了解本校学生的心理发展变化，用课堂教育、训练、游戏等方法使学生拥有健康的心理，预防心理偏差，对有心理偏差的学生进行调整和矫正，从心理学角度对学校的教学工作提出建议。为了帮助心理确有异常的青少年，俄罗斯联邦政府在1998年批准了一项决议，允许各级政府成立“心理、教育、医学、社会援助教学机构”，接收心理异常的年龄在3—18岁的青少年。如学生能够康复，可以去普通学校继续上课，否则专家将在学生快成年时对其进行职业培训，帮助他们在毕业后就业。

美国高校心理健康教育工作内容主要由心理健康的实质决定，其内容是多方面的。哈佛大学的心理健康教育工作就是围绕身体的健康、精神的健康和环境的健康展开的，哈佛大学健康服务中心下设医疗服务中心、心理健康服务中心、健康交流中心以及学习咨询处等多个部门，从部门机构设置便可见工作内容之广。在美国的一些一流大学中很重视学生的自我保健教育，在同学需要心理帮助或咨询时，周围的同学能给予一定的帮助、服务或指导，从而最终做到自我教育、自我服务、自我调适，促进自身的健康发展。它强调同学之间的互动、互助，达到自助。

在工作机构和人员构成方面，表现出专门化和高度专业化的特点。每所学校都有各自独立的心理健康教育、心理咨询与治疗的专门机构，如哈佛大学的健康服务中心和学生健康保险组织。从事心理健康教育的工作人员的专业化表现为两个方面：一是工作人员组成的专业化：职业化、多样化、高学历取向。二是服务的专业化：专业水平高、实践能力强、经验丰富。

# 第九章　青年价值观：从分化冲突走向重建

价值观是人们关于各种价值现象的比较深层次的观点和看法，是一定社会群体中的人们所共同具有的对于区分好与坏的根本看法，是关于某类事物是否具有价值以及具有何种价值的根本看法。青年价值观是青年价值态度和价值取向的反映，它尤其表现在青年关于自身价值及如何实现自身价值的看法，是青年和社会精神文化系统中深层的、相对稳定而起主导作用的部分，价值观是青年精神心理活动的中枢系统，是其人生和事业中最重要的精神追求、精神支柱和动力所在。青年一向是变革的动力，重大的社会变革都是在他们身上通过并实现的。

## 第一节　当代青年价值观发展轨迹

改革开放，发展社会主义市场经济使中国社会洋溢着变革精神。社会文化的变革必然导致青年价值观的创新。在党的十一届三中全会以来，中国社会翻天覆地的变化折射出当代中国青年对人生价值思考的光芒。在这一过程中，青年人生价值观的发展变化有几个阶段：（1）20 世纪 70 年代末期到 80 年代中期，价值观的复苏与困惑阶段；（2）20 世纪 80 年代末期到 90 年代中期，价值观的冲突与分化阶段；（3）20 世纪 90 年代末期至今，价值观的重建与发展阶段。

## 一、青年价值观的复苏与困惑阶段

20 世纪 70 年代末期，关于实践是检验真理唯一标准大讨论，冲破了“文化大革命”中两个“凡是”的束缚，形成了思想解放的潮流，拉开了中国改革开放的序幕。刚从“文化大革命”的思想禁锢中解放出来的青年，在思想解放的推动下，在新的社会生活中开始进行一系列反思。“文革”时期的青年要么成为“文革”中的红卫兵“闯将”，要么成为被红卫兵革命的对象，政治思想压力很大。那时的青年是“价值失落与思想扭曲的一代”，他们谨小慎微，担心被抓辫子，他们以政治标准、阶级成分划线，有时言行不一，有时表里不一。新的历史时期，随着思想解放运动的深入，青年价值观取向呈现出由劫后欣喜转入思考讨论的思想特征。原有价值观和旧有社会规制、运行模式开始裂变，新的价值观和社会规制、运行模式尚未确立，许多人处于无所适从、思想迷惘的状态，这时的青年是“迷惘徘徊困惑的一代”。以至于在当时青年中曾出现了多次关于人生价值问题的“大讨论”，如“伤痕文学”讨论、“朦胧诗”讨论、

“麦克唐纳与雷锋精神”[①] 讨论等。而当时流行的、带有“伤痕”情绪的单一性理性反思，也曾一度将青年价值观导向了充满偏激和难以言喻的情感误区。政治价值观上，他们既要保持上几代人传统的集体主义精神，又要迎合时代的发展，重视个人奋斗和个人创造，体现个体价值。他们既关心国家与民族的命运，更关心自身生存的环境条件、手段和方式。在他们心目中多少还有一些忧国忧民的忧患意识。生活价值观上，他们追求丰富多彩的生活方式，追求丰厚的物质利益，唱流行歌曲，迷恋文学和电影电视，跳交谊舞，好标新立异、追求新奇，尽力挣脱生活的枷锁，追求自由独立。留长发男青年、穿喇叭裤、穿西服打领带开始流行，“出国热”一浪高过一浪。由于改革开放政策的推行，西方各类思想涌入，80年代中期的青年是社会中迷恋而狂乱的一群，凯恩斯、弗洛伊德、萨特、民主政治是他们熟悉的西方“来客”。青年中的流行语有：“实践是检验真理的唯一标准”、“从我做起，从现在做起”、“团结起来，振兴中华”等，《新星》、《寻找回来的世界》、《你别无选择》等书籍是这一代青年的心灵写照。他们中也涌现了一批新时代的青年楷模，如张华、张海迪等。随着高考制度的恢复，整个社会尊重知识、尊重人才的风气被带动起来了，于是关心祖国前途，“把失去的青春夺回来”，成为当时中国青年价值观的主流。

---

① 1982年美国影片《冰峰抢险队》上映后，影片中的抢险队员麦克唐纳舍己救人的英雄行为让许多看惯国产片的年轻人非常震惊，麦克唐纳是不是雷锋？英雄是不是没有任何欲望和杂念等问题油然而生，并由此导致了一场关于“麦克唐纳与雷锋精神”的讨论。

## 二、青年价值观冲突与分化阶段

20 世纪 80 年代后期，国际国内事务风云际会，波澜迭起。国际上，世界政治格局剧烈动荡，为第二次世界大战以来所未见，苏联解体和东欧剧变，使国际共产主义运动跌入低谷，极大地困惑着青年。国内的改革开放虽取得了举世公认的成绩，但改革所带来的深层次矛盾浮出水面。经济在高速增长中出现了过热、物价上涨和通货膨胀等现象；党的领导层对改革开放一系列重大问题存在分歧，两任党的总书记先后离职；多元文化混杂一团，出现了前所未有的古今中外文化的相互激荡，“全盘西化”、“西体中用”、“复兴儒学”等各种文化主张纷纷揭竿树帜，众说纷纭，莫衷一是。经济、政治的不景气，变幻莫测的国际“大气候”和国内“小气候”，深深地打动着青年，冲撞着、激荡着他们激情燃烧的胸怀，使他们无所适从，于是产生了极为盲目、恐慌的心理。社会脑体倒挂、知识贬值、分配不公是 20 世纪 80 年代后期十分突出的矛盾之一。这一时期的青年对改革抱有很高的热情与期待，但对改革的憧憬又带有浓厚的理想色彩。在他们身上普遍传染着某种“浮躁病”，热点之快、观点更迭之快，常常使青年“顿感今是而昨非”，在“经商热”“下海热”、“特区热”、“公司热”的冲击下，“读书无用论”重又抬头。流传着“造原子弹的不如卖茶叶蛋的，拿手术刀的不如拿剃头刀的”等顺口溜。这反映了当时青年价值取向的多元特征：一方面呈现出空前的思想活跃，一方面又表现为异常的思想迷乱。由于经验少、阅历浅，青年面对纷纭复杂的社会现实和形形色色的文化思潮感到困惑，出现价值判断上的模糊化和价值评价上的多元化。1989年的“政治风波”为10年来大学生的政治热画上了一个休止符号。

20世纪90年代初期，经过20世纪80年代的思想旅行与精神流浪，青年被“我想有个家”的温馨歌曲所深深打动，“归家意识”使他们更渴望了解国情。“寻找毛泽东”和“鲁迅热”悄悄升温，表明青年又开始重新思考和自省。1992年以来，随着社会主义市场经济体制的推进，社会转型进入了一个新的历史阶段。以邓小平南方谈话和中共十四大为标志，深入体制改革和加快社会主义市场经济建设已成为中国社会发展的两个基本主题。在邓小平南方谈话中，关于判断社会进步与发展的“三个有利于”的论述，打破了长期困扰人们的一些思想禁锢，使人们的思想得到了更大程度的解放，这意味着社会主导价值取向又一次发生了重要变化。青年开始正视现实生活的一切，重新审视和寻找自己的精神支柱，调整着自己的价值观念和心态。他们的视线已逐渐转向接受现实、顺应社会。20世纪90年代中期，青年关注社会和自身具体问题的倾向开始明显增强，实践主义和温和主义的观念逐渐为广大青年所接受。

## 三、青年价值观的重建与发展阶段

跨世纪一代青年，又被称为“独生子女”一代，常被人们冠以X代（或“新人类”、“新世代”、“新生代”）、Y代（或“新新人类”、“飘一代”）、“N代人”（网络时代）等称谓。他们的逻辑起点，他们的视野和所接受的信息量，远远胜过20世纪50年代到80年代的青年，他们的价值主体意识不断强化。这种主体意识表现为追求社会生活中的自主和自立，注重个性发挥和自身潜能的发展，社会参与意识和民主意识、法制观念等明显增强。更加独立化的价值思维，更加个性化的道德观念和社会生活方式成为青年价值变革的总趋势。

与前辈相比，他们摆脱了旧体制的束缚，却失去了铁饭碗的保障、福利房的安乐。他们获得了更大的自由发展的空间，却要承受谋生就业的更大的风险与压力。在职业选择上，既要求经济条件和社会地位优越，又要求适合个人发展；在实现自我价值的途径上，既强调个人奋斗，又对学校、家庭和社会具有依赖性。这种整合趋势表明当代青年价值体系日益稳定成熟。与这种实用理性相伴随，青年更加普遍地要求从物质消费到文化生活，从社会流动到社会开放等方面更深刻的变革，进取精神、风险意识、首创观念获得更高的推崇。讲求务实，注重效益，经商热忱等现代商业社会的价值思维深刻影响青年的人格。

这一代青年没有太多的传统文化的记忆，没有刻骨铭心的政治、历史负累，他们自懂事起，就生活在一个一切靠自己奋斗的社会。没有经历过多的苦难，生活乐观向上，方式更加丰富多彩。他们与20世纪90年代的市场经济同步成长，物质生活上更充裕，生活中到处体现着现代科技的快捷便利，电动玩具、移动通信、电脑是他们生活中不可或缺的部分。他们既追求精神生活的高格调，又追求物质生活的高质量、高档次、高消费，信奉“物质是快乐的源泉”，物质至上已成为他们实实在在的生存哲学。他们一方面追求更为实用的知识技能的学习和更新（许多人拥有多类资格能力证书），追求高学历、高职位、高待遇，学习任务重，一方面又贪图个人享乐，责任感比较弱。这一代青年没有父辈那么强烈的进入社会主流的欲望，却紧紧追逐时尚潮流，喜欢简单的人际关系。交往上，他们大多不再唱响“千里难寻是朋友”，也不再向往天长地久式的友谊，而是习惯于“朋友多了路好走”。特别是互联网以其独特的优势与魅力为他们所钟爱，网上征友、聊天、学习、婚恋及至消费、娱乐等形式的出现，使今日青年形成了新的生活观念与虚拟化人际关系。爱情上，他们讲求“速食主义”或“杯水主义”，要速度、标新立异、强调自我，十分早熟和现实，特别是对性满足无禁忌地追求，大大超过了历代青年。随着青年心智的成熟，在处理个人与社会的关系上，青年并不排斥社会，凌驾于社会之上，而是接受现实，把社会作为自己发展的客观环境，在现实社会发展中寻求个人发展。他们对改革开放和社会发展进行的思考更为实际，大多数人努力使自己的选择、自我价值实现与社会规范要求不发生正面冲突，逐步走自我实现和服务社会相统一的明智之路。他们对改革的承受能力明显增强，他们呼吁给市场经济的“利益驱策”提供伦理上的辩护，认为一种以满足个人的需求为基础的，兼顾社会与伦理要求的妥协性道德就是值得认同的。

## 第二节　当代青年价值观发展趋势

随着青年生活理念的不断更新与提高，社会风气和人的形象也为之变化。人类的生活形态总是由现在向未来不断变化发展着的，而青年的价值观念天生具有求新求异、面向未来的鲜明特点，充满青春期的精力和美好想象，价值观是他们最为关心的问题之一。事实上，青年价值观也直接关系到国家未来的前途和命运、关系到社会主义事业是否后继有人、关系着整个社会的明天。

## 一、主体意识增强，促进青年思想意识成熟

青年主体意识的增强，使他们生活结构日趋合理，生活时间日趋有序，生活内容日趋丰富，生活空间日趋扩展，社会参与意识、责任感、自主自立自强自爱自尊意识、竞争意识、公平意识、效率观念、求知欲望、开拓精神等现代化的行为标准和价值取向更加突出地表现出来。他们的公共关系意识日益强化，交往行为更趋文明，交往动机讲究互惠互利原则，把自我价值导向与他人价值导向有机融合，利益促使了主体自愿地确立有利于他们和社会的关系，从而符合活动的社会目的性，这是社会发展的必然结果。强调互利和人际间的真诚与信任，交往功能与当代中国的市场化进程相趋同。友谊作为人与人之间比较稳固的相互关系的一种特殊形式，建筑在彼此信任、相互帮助、相互依恋基础之上，互利互惠完全符合这种相互性，从而使友谊持久和稳固。

在相当一段时间内，对青年产生重大影响的主流社会思潮难以形成，这与当代青年生活在社会转型时期所呈现出的多极化社会状态之中，主体意识的不断增强密切相关。这使他们无论是价值观还是行为方式都表现出多元化的取向，带有明显的个体特征。他们对社会思潮的选择性无疑会增强，所选择、吸纳的内容会更加丰富多彩，表现出个体的差异性，这就决定了一种社会思潮要在当代青年中成为主流必须具有足够的号召力。即使在被人们普遍认为的实用主义思潮盛行的今天，我们也不一定有足够的理由认为实用主义已经成为对当代青年产生主导影响作用的主

流社会思潮。近几年，青年的心态总体趋于平稳和积极，未出现哪一种社会事件和社会政策引起青年强烈、持久的关注和狂热现象，青年中也很少出现过激言论、过激情绪和过激行为。这不仅在于当代中国青年对激进个人主义的反思和对抽象集体主义的放弃，而且在于他们随着整个政治经济文化发展的实绩感染而来的心智上的成熟。

与此同时，青年社会心理也发生着深刻变化，特别是21世纪以独生子女为主体的青年，在心理健康与精神方面面临诸多压力，表现为与青春性相关的诸多出轨行为的发生。择业、社交、学习、生存等所造成的抑郁、偏执、孤独、敏感心理症状将继续增多。性、毒品犯罪等失范出轨现象可能成为社会负潮流中不可忽视的支流。

## 二、青年价值观，从多样分化逐步走向整合

改革开放以前，青年价值观在结构上比较单一，以无私忘我、为人民服务、集体主义、共产主义为根本，革命性是其突出特征。改革开放以后，随着对过去极左价值观的深刻反思和思想的不断解放，适应改革开放和生产力发展的需要，青年的价值观冲破了传统观念和教条主义的藩篱开始注重自我价值，开始急切、大胆、广泛地涉猎各种西方文化，开始树立起主体意识、竞争意识、开放意识、信息意识、效率意识、创新意识、市场意识、公关意识、环保意识等。但是，由于对“文化大革命”时期极左价值观的逆反，对思想解放理解的肤浅，加之存在主义、后现代主义等西方社会思潮和国内资产阶级自由化思潮的冲击，青年中一度出现了一种片面强调自我价值、全盘否定传统价值观和盲目崇拜西

方价值观的倾向。随着改革开放的不断深入，改革开放所取得的巨大成绩使青年从空泛的自由、民主口号中走出，认识到政治盲从与狂热的严重后果。改革开放中所遭遇的种种困难也使他们放弃了对激进个人主义的幻想，深刻了解抽象集体主义的弊端。随着各项事业的迅速发展，青年对社会认识的逐步全面，青年不但注意吸收西方价值观中的精华，而且注意吸收传统价值观中的精华；不但强调自我价值，而且开始注重社会价值，明确意识到个人在与社会互动、适应中求生存成为理智的选择，开始在自我价值与社会价值、传统价值与西方价值的对立统一中，建构现代价值观。

自我实现是青年价值观的主体定位，然而这种自我实现具有很强的社会性和整体性，反映时代潮流的主导价值观越来越被青年所认同与接受，主导价值观也将在一定条件下吸纳青年价值观中有积极意义的成分，使社会主流意识因得到青年文化的反哺而走向年轻，形成主流文化多样化发展的态势。在霸权主义依然存在的 21 世纪，中国青年的爱国热情将以更现实更冷静的态度表现出来，那就是以自己的实际努力促成中国现代化的蓬勃发展。在价值标准上，会更加体现出与时俱进的特点。青年的感觉非常敏锐，对于社会的变化也反应最快，因而也很容易接受新鲜事物，随着社会的变化和发展而改变他们的价值评价标准，他们对成才的设计也是多角度、多方位的，体现出时代的变化和特征；在价值目标上，从理想转到现实。青年在现实利益的追寻中，越来越意识到个人的发展离不开社会，他们更愿意扎扎实实、埋头做些实事，认为理想与现实是不可分割的，他们憧憬未来、勾画蓝图，但首先要考虑自己置身其中的价值体现；在价值评价上，从绝对转向相对。在多元文化环境下成长起来的一代青年，他们对于价值的评价更为宽容，对于价值的评价也不再停留在描述的层面。

## 三、青年价值观的世界趋同性与不均衡性

21世纪，我国青年价值观与世界其他国家青年价值观相比，存在趋近与背离并存的基本走向。世界一体化时代的到来使得发展中国家与发达国家共同面临类似的重要问题，比如，如何将人与自然环境的关系纳入到人与人的关系的总体图景中，如何理解保护与发展的关系，如何处理民族性与世界性的关系等。共同关注焦点的存在导致主体间价值目标的相对靠近。文化中心主义相对削弱使发展中国家的文化价值有了与发达国家对话交流的机会，互相学习、借鉴，承认彼此文化发展的独特性也使主体间共同的价值认定有了依托。

当代世界冷战格局已被打破，和平与发展是世界性主题，现代化发达国家青年面临物质利益重新配置、社会关系调整等一系列重大问题，在不同国家中表现出价值观方面一些共同的特征，如在社会与个体之间求共识，在主流与亚文化中求平衡，在求真务实与享受生活中求合理，在政治意识与政治行为间求认同等。此外，消费主义生活方式向全球的扩散也使发展中国家与发达国家青年价值观的趋近有了可能。近年来，世界发达国家青年在个人与社会关系等价值取向上出现转机。20世纪90年代以来，美国青年中激进的新左派及其校园反风潮已成历史，大规模激进政治抗议不再拥有众多参与者和支持者，青年文化处于新的价值调整阶段。日本的“新人类”个人主义价值观也没有走得太远，团体主义

的历史背景依然在发挥作用。这些现象的存在将不同程度影响 21 世纪的中国青年。具体来讲，我国未来青年价值观与发达国家趋近的一面主要表现在：经济观上相似的现实性与理智化，主体价值选择上主张的自我实现和服务社会的统一，生活方式上类似的求新求变求高，青年自身身心失范问题上共同存在的复杂性。

中国青年价值观与其他国家青年价值观相背离的一面主要来自政治经济文化发展水平与方式的差异。中国青年对于消费主义生活方式的淡出还需要一段时间，然而，中国青年将转向现代化，而西方发达国家则直接面临后现代的种种困惑。并且，中国的政治制度与西方发达国家存在本质差异，这决定着中国青年在未来参与政治生活的方式、对国家政治观念的认识上存在差别。

同时，青年价值观的不均衡性仍不同程度存在。所谓非均衡性主要指青年价值观的不均衡发展与不同层次的观念冲突，其中包括地区性的和同一群体内部的。非均衡性的存在主要在于我国青年群体分布的复杂性和同一群体内部的差异。比如，特大型城市和城市中的青年可能把知识经济的冲击看成是百年机遇和重大挑战，进而主动调整自己的价值观，而在广大农村和中小城市，知识经济对他们来讲还很遥远，他们的价值观无法与特大型城市的青年认同。即使同一城市青年也会因自身条件不同存在价值取向上的不均衡。

因此，我们要针对青年的生存环境、时代特征和青年自身发展的特点进行思考，客观认识青年价值观种种表象和深层次原因，我们有理由对未来中国的前途和未来青年的价值取向充满信心。与此同时，青年作为社会变革的“晴雨表”，他们的思想行为、价值观念的演变，从一个侧面反映了整个社会现代化进程的步伐。

## 第三节　推动青年价值观建设基本思路

青年的观念，就是未来社会的观念，站在时代起点上的中国青年意气风发，指点江山，当代中国青年将创造出一个繁荣的新世纪。为此，我们针对当前青年价值观存在的问题，更应在青年价值观念的塑造上下大力气，在对策建议上有更多适合青年特点和发展的有效方法。

### 一、强化先进文化教育和文化传承

我国目前处于社会主义初级阶段，生产力发展水平与发达国家相比存在差距，人民生活水平有待提高，社会主义市场经济建立中出现了诸多问题，还有由于人们的政治觉悟、道德修养、经济水平、文化素质参差不齐，价值观取向不一引起的问题，要采取行之有效的新型德育教育，即以中华传统美德、爱国主义、集体主义、社会主义以及马克思列宁主义、毛泽东思想、邓小平理论、“三个代表”重要思想、科学发展观、习近平新时代中国特色社会主义思想等为宏观指导，吸收世界多元化的先进文明，提出具有民族特色的价值标准和道德规范，通过榜样学习、文化熏陶、集体活动、知识学习与素质训练等多种方式，引导青年逐步树立正确的世界观、人生观和价值观。

青年价值观的塑造需要我们整个社会的努力和参与，作为教育主体的当代青年，更应该努力学习，奋发图强，继承和发扬中华民族优秀文化传统，创造和发展先进文化，为中国的现代化建设作出自己的贡献。在民族文化和外来文化的碰撞异常激烈、先进文化和腐朽文化碰撞十分复杂的文化格局中，教育在本质上是一种文化传递和价值导向的工作。在一个价值多元化时代，如果没有一个被大家所认同的主导文化或核心价值对青年施以教育影响，不但青年价值观容易产生失范，而且社会的稳定发展也会受到影响。

在此，我们特别要注意社会思潮对青年的影响。一旦某种社会思潮取得了主流思潮的地位，其对青年的影响以及对社会的作用，无论是推动社会向前发展还是对社会产生破坏的力量将是巨大的。因此，研究和建立当代青年与社会思潮相互作用的调控机制，显得非常重要。诚如我们不可能幻想把现在的青年封闭在狭小的圈子里，使其免受不良社会思潮的影响一样，我们不会也不应该因害怕社会思潮的负面影响而放弃它在青年社会化过程中的积极作用。惟有加强青年自身主体性和是非判断能力的培养，加强先进文化教育，使他们面对异彩纷呈的各类思潮能独立做出正确的选择，才是明智之举。所以，我们应当把培养青年对各类社会思潮的自主选择能力作为青年与社会思潮互动作用调控机制建设的重点。

## 二、把握“主体价值”和“主导价值”统一

环境对青年的影响是巨大的，特别是在社会转型纷繁复杂的日常生活中，各种能对青年产生影响力的因素鱼龙混杂，我们不能坐视不管、

任其自然发展，必须清除黄、赌、毒、腐败、不文明等不利因素，弘扬正气和崇高精神，使青年生活在空气清新的文化氛围中。目前，大众文化对青年价值观具有很强的影响力。比如，我们已经从国内借鉴西方消费文化“用过即扔”的行为里看到大众文化本身正像它所倡导的“感觉”那样，人们从它身上发现的幻灭感无疑是一次刹那高潮满足后的疲惫、乏味与懈怠，青年在品味大众“快餐”之后必然像扔弃消费过的产品包装一样，扔掉大众文化一些现象。中国本土的大众文化也许尚未真正兴盛人们就会因为已经疲倦而弃之，然而其中的各种感性心理和行为仍会持续一段时间影响青年文化。因此，我们必须对青年教育环境的调控加以重视，加强青年价值观的引导。

社会的发展必然会出现各种各样的社会问题。事实证明，社会的每一次改革、每一次变迁都会带来许多复杂的一连串的政治、经济、道德、伦理、心理等方面的问题。所以，青年价值观教育的方法也要随着时代的进步、新的社会问题的出现而变化。有学者提出，我们已进入巴赫式的“复调”时代，一个百家争鸣的时代，一个多种文化并存的时代。也有学者认为，针对青年新世代价值观变化特点，青年价值观教育要把握好“主体价值”、“主流价值”、“主导价值”三者的整合。所谓“主体价值”，即青年所追求的比较前卫的个体价值；所谓“主流价值”，即能被社会绝大多数群众接受，并能影响未来实际走向的社会价值；所谓“主导价值”则是我们主导意识形态文化提倡的规范价值。过去，由于我们实行的是高度集中的计划经济体制，在价值观上只奉行一种大一统的“主导价值”。改革开放以后，我国经济体制发生了根本的变化，多种经济成分均允许存在。由此必然会产生与多种所有制并存相适应的多元化、多层次的价值观。不同的主体需要不同，价值观也不同。青年期是价值观形成的探索时期，他们的思想行为是不稳定、开放的。因此，在青年价值观形成过程中，教育具有举足轻重的作用。没有一个权威的价值主导系统，社会便没有了基本规范，就会处在无序状态。但“主导价值”若离开“主体价值”太远，则很难形成价值教育的有效性。

现代化社会是一个经过充分分化基础上形成的多元社会，社会的多元性不仅在于社会主体是由差异性很大的个体组成，而且社会价值评价体系也是多元化的，差异主体之间获得平等身份并相互包容，这就决定了现代社会的青年价值观的自由性和多样性。但人格范型及其价值的平等和多元，必须确立这样一个前提：自由人格和多元价值之间，有着一种为各方共同接纳和信奉的一元价值标准，这就是作为底线道德的制度认同与法治精神。一元价值是现代社会的公共生活领域的基准价值，它并不否定和排斥公民私人生活的自由价值与人格追求，但它限定了公民的私人生活权限不能越过这条基准线。因此，要把社会主义一元价值观教育作为青年价值体系建设的基础，建设多元范式与一元价值的统一模式。价值观作为一种“实践精神”，在具体的社会实践中形成，最终要落实到为祖国、人民服务上。人们只有在反复的实践过程中，促进对正确价值观的深切感悟，科学崇高的价值观才能巩固起来，形成信念，自觉践履。

在青年价值观形成的过程中，社会起着主导作用和调控作用。社会通过价值观和相应的禁律而把社会成员的行为限制在一个特定的范围中，并使其逐渐习惯化、自觉化。社会传导人们价值观是以各种方式进行的，或有意或无意，或正式或非正式，或直接或间接。社会不仅通过法律手段、社会舆论和学校教育，有目的有计划地把某种价值观灌输给成员，而且通过文化传统、风俗习惯、社会心理等，在潜移默化中将社会的价值观传递给成员，并使他们的个人价值观和社会价值观协调统一。任何社会都承担着对青年进行价值观教育的重任，同时，每一位青年都无法抗拒社会主导价值观的影响。因此，必须使社会环境更加适应青年的成长，通过对青年进行德、智、体、美等诸方面的教育，培养青年正确的政治、思想、道德、科学、知识、人生、审美等方面的价值观念和正确的行为方式，并使之形成相应的伦理价值观、科学价值观、审美价值观、人生价值观。

## 三、发挥青年教育中的主体性作用

就目前我国青少年而言，基本存在两种较为普遍的现象：部分信息较为闭塞，文化程度不是很高的青年群体，由于过多受传统道德的影响，造成了他们较为缺乏民主自由意识和创新思想。这与我国传统文化本身缺少民主自由思想，缺少对个性自由的确认以及创新机制，再加之20世纪以来，我国社会长期动乱，民主自由不断遭受重创打击密不可分；另外一种现象则多出于经济较为发达或信息较为开放地区的青年群体。由于过早过多受一些西方思想的影响，错误地认识西方的民主自由，过分强调以自我为中心，割断了自我发展与集体、社会的关系，认为自我的发展仅仅限于个体的行为。基于此，在青年价值观的教育和引导上，要尊重青年个人的权利，尊重青年的潜能和创新价值，并且能够让青年自主认识到解放个性的最终方向应指向时代和国家、社会的发展方向，只有这样，教育思想才能为青年所真正接受和内化。其实，教育者与被教育者分享信息的时代已经到来。众所周知，在工业化程度较低的社会，人们无法获得大量的知识和信息，难以进行系统的理性思考去认识社会发展的规律和自身的使命，只能靠“灌输”来实现。在今天教育手段多样化、普遍化的社会环境中，当代中国青年有条件整合各种信息，从而对自主地选择人生道路、确立事业志向发生直接的作用。

尽管价值观主要来自社会并受到教育的极大影响，但这并不否认个体在价值观形成中的作用。青年作为价值活动的主体，其接受社会和教育的影响过程是一个能动的过程。青年期是自我意识发展和自我需要扩大的时期，如果说少年还主要是一个价值观的继承者的话，那么，青年便不再是单纯地继承和接受，而是逐渐学会了对社会传导的价值观的评判与选择，并在此基础上有了新的发现和创造。青年通过自觉和自主地追求价值目标，参与价值活动，接受社会的价值教育和影响，从而形成自身独特的对人对事的价值认识、价值体验、价值情感，以及价值评价和价值取向，最后初步形成较为稳定的价值观体系。价值观的形成正是社会的影响与青年自主选择综合作用的结果，对青年进行价值观教育决不能忽视青年自身的主体性作用。对青年进行主体性教育，不仅仅把受教育者作为教育的对象，而且作为教育活动的主体；受教育者不是被动地接受知识和技能，而是主动、自觉、能动、创造性地学习、认识和实践；不仅教给受教育者以知识，而且培养受教育者的情感和能力；不仅使受教育者得到全面的发展，而且使受教育者的个性得到充分的发挥和展示，以使青年成为适合社会发展的高素质人才。这是教育规律的必然要求，也是时代发展的必然要求。

## 四、构建全面发展的青年价值观

西方价值观念侧重于人的认知需要的满足以及工具理性系统的强化，侧重于把人的世界看成“对象性存在”。西方人的价值追求以形而上学的问题为主，以认识论为主，从而锻炼了西方人的理论思维能力，从而体现了一种科学精神。中国人的价值观的侧重点在于人的非理性一面的构建和完善，主张天人合一与人际和谐。中国人“把握世界”的方法不是改造的、实践的，而是想象的，浪漫的；不是革命的、激越的，而是和平的、静穆的。中国人的价值追求中倡导改造自然的情怀淡化，其主旨在于向善与求美。中国人擅长“做人”，但由于文化早启，理性早熟又显得不太进取，结果坐失大好时机；西方人擅长“谋事”，但由于理性有余而感性不足，也使“人事”产生了异化。因此，致力于跨文化的沟通与融合，在“做人”上向东方看齐，在“谋事”上向西方求教，这种纳异进取、文化会通，既能“干为俊杰”，又能“学习好人”的全面发展的人，才是合格的中国现代化建设者，才能做到崇尚开放、锐意进取、竞而不争、内和外争。在市场经济方兴未艾，产业结构日益优化，劳动力结构瞬息万变，人的社会关系不断变迁的现时代，当代青年必须锻造出以变应变的健全心态，具备手段与目的、生产与消费、吃苦与享乐相统一的效能意识。

就西方青年价值观教育经验来看，在教育国际化的背景下，一些发达国家有意识地主动进行价值观念全球化的推动工作，取得了一定成效。第一，教育实践成为全球共同关注的重大论题。英国政府 1998 年颁布的

《国家课程》，把培养“有德行、智慧、礼仪和学问”的绅士作为教育的出发点。在政府规定的普通学校 8 条基本目标中，有 4 条是讲德育的。德国的中小学要求培养学生“具有必要的思想品质和行为标准，使他们具有为发展社会生活、发展科学技术的献身精神”。第二，教育功能呈现出鲜明的意识形态性。美国教育实践的意识形态性尤为浓厚，从几个方面相互渗透、相互影响构成美国青年价值观教育的主要内容。法国的拉扎尔认为，政治教育绝不是中性的，传授政治制度和认为是合理性的“知识”，灌输其价值观。第三，教育途径和方式表现出多样性、社会性和隐蔽性。侧重于正面的、直接的、正规的教育方法，亦即灌输与认知的方法，容易引起学生的逆反心理，影响教育效果，而西方国家重视建设“隐蔽课程”的做法是值得我们借鉴的。在澳大利亚，几乎每个城市都建有纪念馆、纪念碑，免费让中小学生参观，以此强化学生的爱国意识；在意大利，考古、艺术、民俗博物馆等向中小学生全部开放。第四，尊重青年身心发展的规律。针对不同的教育对象有的放矢、循序渐进地开展思想教育是许多国家的共同特色，他们在教育内容的系统性、形式的多样性、过程的易控性上下了不少功夫。英国学校思想政治教育的教材《生命线》分为三部分，其内容就是针对不同年龄的学生的身心特征按照由简单情境材料到复杂情境材料的顺序排列。第五，理论研究注重操作性，呈现出多学科渗透的态势。从微观的角度入手，对某一方面就会有比较深刻的研究，与宏观研究结合运用对青年价值观教育实践大有益处。风靡世界的克尔伯格的“道德发展阶段论”，是学生发展理论中的一个分支，表面上是一个伦理学的问题，实际基础却是心理学中的认知理论和心理测试理论及技术。多学科综合的态势一方面显示出教育理论发展的科学化，提供了一些操作性较强的教育模式，大大提高了教育的有效性。我国的教育学科化研究还在起步阶段，还需要有更多的专家学者从各自的专业出发对青年教育进行交叉研究。目前，西方教育理论发展很快，形成了多样化的理论流派，如道德认知发展理论、社会学习理论、价值澄清理论、人本主义德育理论、政治社会化理论等。这些研究有力地推动了青年价值观教育的发展，对青年教育的现代化发挥了重要的作用。

## 五、物质保证是前提，法律约束不可缺

价值观属于社会伦理道德范畴，其发展变化的直接原因是社会生产关系的变化，根本动因是社会生产力的进步。由于社会生产力水平的不断发展，决定了生产关系的变革，建立在二者基础之上的人类价值观体系才得以不断完善和发展。我国现阶段生产力水平的提高，要求我们必须建立、健全社会主义市场经济体系。尽管市场经济本身对社会价值观体系的作用是双重的，但是它可以推动我国生产力的发展，从而为完善当代青年的价值观奠定不可缺少的物质基础。

青年正确价值观的塑造，不仅仅是个教育问题，还必须有相应的社会约束机制相配合。加强法制建设，以完善的法律规范来影响青少年价值观的形成。价值观作为人的一种内在追求，强调的是自律自求，但它对人的约束是“软性”的，它不能保障人们协调一致地奉行某些价值准则，这是因为它缺少统一性、规范性和权威性。在市场经济条件下，随着利益的多元化，这一特点更加突出。健全社会约束机制，一方面，要

加强公民权利与义务的教育，强化内在约束，促进其正确价值观的形成；另一方面，要加强立法与执法，强化外在约束。因此，在市场经济条件下建立当代青年的价值观体系，就必须把价值观体系的建设与法制建设结合起来，使一些最基本的社会价值观法律化、制度化，通过法律手段来弘扬某些价值精神，使当代青年的价值观建设走上规范化、制度化、法律化的途径。

# 第十章 “四个伟大”：青年实现中国梦的基本遵循

改革开放40年来，我国经济实力迅速增强，已然位居世界前列，大国崛起之势不可挡；各项社会事业持续推进，社会文明程度不断提升，社会价值观也日趋开放多元；40年的发展成就意味着中国特色社会主义进入了新时代，我们的事业在取得辉煌成就的同时，也面临着“两个一百年”的重大历史任务。习近平总书记提出，在新的时代条件下，我们要进行伟大斗争、建设伟大工程、推进伟大事业、实现伟大梦想，并以此来践行新时代中国特色社会主义思想。正是在这一背景下，要完成“四个伟大”的历史使命，实现中华文明复兴的伟大“中国梦”，有必要激发当代青年群体的内生动力，将青年求发展求进步的“青年梦”助推中国梦实现“四个伟大”的历史使命。

## 第一节 当代青年始终是推动社会进步的重要力量

党的十九大报告提出：“青年兴则国家兴，青年强则国家强。青年一代有理想、有本领、有担当，国家就有前途，民族就有希望。”① 作为一种社会承前启后、富有生命力和创造力的代群，青年是未来社会的主干，是推动社会进步的重要力量。当代青年崇尚自由，但又寻求集体；当代青年行为务实，但又充满梦想。能否充分地认识今日这代新青年，无论对于改革开放40年的今日中国，还是对于一个不断立于变化与发展中的未来中国而言，都极为重要。正是这样一种从不动摇的对青年主流的肯定、对青年群体的信任，才使得我们在长期的革命和建设中始终能得到广大青年的高度拥护和赤诚支持。

21世纪的未来15—20年是我国发展的重要战略机遇期，是全面落实科学发展观，实现“两个一百年”目标、实现中华文明伟大复兴的“中国梦”重要关键时期。为此，共和国之“接力棒”将历史地落到目前还是“后一代”大中小学生、甚至刚出生“千年宝宝”一代身上。当前青年发展和青年问题日益成为一个单位、一个领域和一个城市发展的重大课题。因此，我们应从“大时段”、大视野认识青年国家发展战略的重要性。新时代中国在朝向实现“两个一百年”奋斗目标前进的过程中，青年肩负着重大的历史使命。当代青年，是实现“四个伟大”的中坚力量，这是当代青年的责任担当。

观察青年一代的发展，要放到历史与时代结合之坐标系上加以评判。一代总是胜过一代，青年总是拥护改革并跟着改革者走的。这是符合历史唯物主义观点。不能说中国改革开放获得了举世瞩目的成就，而青年

① 习近平：《决胜全面建成小康社会　夺取新时代中国特色社会主义伟大胜利——在中国共产党第十九次全国代表大会上的报告》，人民出版社2017年版，第70页。

一代在倒退。客观地说，如果说20世纪90年中期之前，中国青年价值观变化具有总体上的“早熟”（模仿西方），那么，现在中国青年价值观和生活风格与世界青年变化几近同步。青年文化总是预示着社会发展的未来。按照马克思主义青年观，青年的本质在于社会实践性；青年是推动社会历史发展的重要力量；自由全面发展是青年的价值追求。青年总是鲜明地表现出两种特点：一方面，青年是整个社会力量中最积极、最有生气的力量，朝气蓬勃，思维敏捷，学习能力强，接受新知识快，最少陈旧观念，最具创造活力。另一方面，青年时期世界观、人生观、价值观正在形成，社会生活经验缺乏，表现出可塑性和未来性的特点，青年文化总是预示着社会发展的未来。处在比历史上任何时期都更接近中华民族伟大复兴目标的时代，中国青年更需要坚持坚定正确的、与时俱进的青年运动方向。

## 第二节　投身“四个伟大”是青年实现“中国梦”的重要途径

习近平总书记在2013年5月4日讲话中指出：“中国梦是我们的，更是你们青年一代的。”在党的十九大报告中，他又明确指出，中国梦是历史的、现实的，也是未来的；是我们这一代的，更是青年一代的。青年最富有朝气、最富有梦想。青年梦和国家梦，有内在联系，这就是个人的奋斗离不开国家，离不开中国梦的实现。同时，中国梦的实现，特别是中华民族伟大复兴的实现，又有赖于青年每一个人最大限度把自己的聪明才智和创造力发挥出来。近代以来，中国青年不懈追求的美好梦想“青年梦”，始终与振兴中华的历史进程紧密相联。而今，正处于大国崛起关键时期的中国，也赋予了青年伟大的历史使命。

求发展求进步的青年梦同样肩负着“四个伟大”的历史使命。伟大斗争是由伟大事业决定的。越是伟大的事业，往往越是充满艰难险阻，越是需要进行艰苦卓绝的斗争。①进行中国特色社会主义建设是一项长期的艰巨的历史任务，必须准备进行具有许多新的历史特点的伟大斗争。当前，我国已经进入全面建成小康社会的决定性阶段，但同时也步入改革的深水区与攻坚期。改革到现在，剩下的都是难啃的硬骨头，但改革再难也要向前推进。逆水行舟，不进则退。行百里者半九十，中国特色社会主义事业必须一鼓作气、势如破竹地推进，而绝不能在关键时刻畏缩不前、功亏一篑。这就是习总书记反复强调“必须准备进行具有许多新的历史特点的伟大斗争”的寓意所在。其一，伟大斗争由伟大目标决定。建设富强民主文明和谐的社会主义现代化国家，实现中华民族伟大复兴，是鸦片战争以来中国人民最伟大的梦想，是中华民族的最高利益和根本利益。今天，我国 13 亿多人的一切奋斗，归根到底都是为了实现这一伟大梦想和最高利益。越接近目标，面临的风险就越大，遇到的问题就越复杂，斗争的尖锐性就越强。因此，我们必须让我们伟大事业的接续者——广大有志青年自觉投身于“具有许多新的历史特点的伟大斗争”，增长才干，经受磨炼，才能确保中国特色社会主义建设沿着正确的

① 辛向阳：《把握“具有许多新的历史特点的伟大斗争”的深刻含义》，《红旗文稿》2015 年第 7 期。

方向前进。其二，始终把做好青年工作作为重中之重。习近平总书记指出，在革命、建设、改革各个历史时期，中国共产党始终高度重视青年、关怀青年、信任青年，对青年一代寄予殷切期望。①当代青年受教育水平不断提高，获取信息的途径更加多样便捷，也易受到国内外各种思潮的影响，价值取向和思想观念更加复杂多变；当代青年的群体分布和组织形态已发生变化，青年自发形成的社会组织大量涌现，具有很强的组织和动员力；当代青年需求更加务实具体，在激烈的社会竞争中，面临着巨大的工作和生活压力。这就要求党和政府各级组织以改革创新精神对未来青年发展和青年工作作出新规划、新部署。其三，在向青年人学习的同时，成人社会不能放弃对青少年的正确引导。从世代传递的角度看，一代总要胜过一代。一代人有一代人的文化，但离开了上一代的文化传递，就会出现文化断层，就会造成一代人甚至几代人文化上的失教。同样，在一个价值多元化的社会中，如果没有一个被大家所认同的主导文化或核心价值，那这个社会将是“一盘散沙”。②

因此，我们要站在理想信念的制高点上感召青年、凝聚青年，坚持不懈以当代中国最鲜活、最富有生命力的马克思主义——习近平同志系列重要讲话精神和治国理政新理念、新思想、新战略引导青年，解决好世界观、人生观、价值观这个“总开关”问题，使当代青年坚定对中国特色社会主义的道路自信、理论自信、制度自信、文化自信。

---

① 习近平：《在同各界优秀青年代表座谈时的讲话》，《人民日报》2013年5月5日。

② 习近平：《在全国组织部长会议上的讲话》（2011年12月18日），《中直党建》2012年第1期。

## 第三节　青年应成为践行“四个伟大”的积极参与者与奋力推动者

而今，进入新时代的中国，正在全力迈向中国特色社会主义的伟大征程。习近平总书记指出：“实现伟大梦想，必须推进伟大事业。”马克思曾说过：“作为确定的人，现实的人，你就有规定，就有使命，就有任务，至于你是否意识到这一点，那都是无所谓的。这个任务是由于你的需要及其与现存世界的联系而产生的。”①不同时代的青年面对不同的历史课题，承担着不同的历史担当。中国特色社会主义事业是面向未来的事业，需要一代又一代有志青年接续奋斗。这就决定了当代中国青年肩负的使命与任务。

第一，中国特色社会主义伟大事业离不开青年。历史已经证明，青年一代有理想、有活力、有担当，我们的事业就有源源不断的力量。离开青年的参与，中国特色社会主义事业就缺乏生机与活力。党的十九大闭幕后的五年将是至关重要的五年——我们离实现第一个100年目标仅剩最后三年冲刺阶段，而离实现第二个100年目标又才刚刚展开两年。全面深化改革，实现伟大梦想，任务繁重，青年的历史使命更加凸显。为此，当代青年要不断革故鼎新，练就过硬本领，努力创新创业，最终将个人理想的实现融入中国特色社会主义建设的伟大事业之中。

①　马克思、恩格斯：《德意志意识形态》，《马克思恩格斯全集》（第3卷），人民出版社1960年版，第329页。

第二，把校正人生航向作为青年健康成长的保证。正如习近平总书记指出："我为什么要对青年讲讲社会主义核心价值观这个问题？是因为青年的价值取向决定了未来整个社会的价值取向，而青年又处在价值观形成和确立的时期，抓好这一时期的价值观养成十分重要。这就像穿衣服扣扣子一样，如果第一粒扣子扣错了，剩余的扣子都会扣错。人生的扣子从一开始就要扣好。""凿井者，起于三寸之坎，以就万仞之深。"①这就要求我们成人社会有责任帮助青年人扣好价值观形成的"第一粒扣子"，把社会主义核心价值观的要求转化为青年日常的行为准则，进而形成自觉奉行的信念和理念。

第三，当代青年要成为"伟大事业"积极参与者与奋力推动者，前提在于要脚踏实地奋斗。这就需要我们广大有志青年按照习总书记要求的那样，既要读有字之书，也要读无字之书；既要专攻博览，也要关注社会；既要向人民群众学习，向专家学者学习，也要向国外有益经验学习；既要善于向书本学习，也要善于向实践学习。在理论与实践的互动过程中，不断增长"能干事、干成事"的本领。②

## 第四节　"实现伟大梦想"需要一代又一代青年接续奋斗

中国特色社会主义事业是面向未来的事业，需要一代又一代青年接

① 习近平：《青年要自觉践行社会主义核心价值观——在北京大学师生座谈会上的讲话》，《人民日报》2014年5月5日。

② 习近平：《在同各界优秀青年代表座谈时的讲话》，《人民日报》2013年5月5日。

续奋斗，为实现中华民族伟大复兴的中国梦而奋斗业已成为当代中国青年运动的时代主题。历史经验表明，造就一代人是一项浩大的时代工程，必须着眼于长远，着力于基础，扎扎实实地从早从紧抓起，以保证青年健康成长并能够在更加激烈的竞争环境中立于不败之地。

首先，坚持党管青年是推进“伟大工程”的执政基础。历史经验表明，坚持党管青年，事关党的事业兴衰成败，事关国家长治久安，事关中国青年运动方向和青年健康发展。因此，青年是政党、国家和民族现在的重要力量和未来的决定力量，也是政党意识形态最需争取的重点群体。其次，赢得青年能赢得未来。我们执政最大优势是赢得青年，执政最大风险是失去青年。习近平总书记指出：“青年是党和国家的未来，各种社会思想都会去影响青年，都会去‘争夺’青年。”① 当前意识形态领域斗争尖锐激烈，铸魂与“蛀魂”、固根与“毁根”的较量异常激烈，教育引导青少年树立和形成正确的价值取向，显得十分重要而紧迫。第三，全党全社会都要关心青年成长成才。一个有远见的民族，总是把关注的目光投向青年；一个有远见的政党，总是把青年看作推动社会进步的重要力量。站在历史新的起点上，我们各级党委、政府都要认真落实习总书记关于青年工作重要论述，从讲政治的高度，以对历史负责、对未来负责、对人民负责的态度，切实把青年工作纳入重要议事日程，把青年工作放到经济社会发展的大局中去审视、思考和把握，加快建立“党委统一领导、党政齐抓共管、共青团组织协调、有关部门各负其责、全社

① 习近平：《在全国组织部长会议上的讲话》（2011 年 12 月 18 日），《中直党建》2012 年第 1 期。

会积极参与”的领导体制和工作机制，形成全社会支持青年工作的强大合力，及时提出青年工作指导性、方向性意见。①为青年实践创新搭建更广阔的舞台，为青年塑造人生提供更丰富的机会，为青年建功立业创造更有利的条件。因此，实现“中国梦”，应将青年发展纳入国家重要战略。

从现实来看，首先要进一步加大对青年的投资，践行青年优先的理念，也就是在国家经济与社会发展中，优先考虑教育问题，而教育问题首先是青少年的教育，包括知识和学历教育、劳动技能和就业教育、思想品德教育、公民教育等。②青年作为一种社会承前启后、富有生命力和创造力的代群，投资青年就意味着投资未来。因此，当前筹划青年发展国家战略，首先应确立“青年优先发展”理念。其次要实施积极的青年社会福利政策。当前应加大社会建设投入，关注与解决青年“成长烦恼”，需要实施积极的青年政策。第三，保证青年参与社会公共事务权利。当前，要通过青年政策的制定和实施来引导青年的成长和发展，同时也要注意引导青年积极参与社会公共事务。第四，加快公平正义社会建设，为青年提供价值观示范。在尊重精神自由的同时，须对青年一代进行核心价值观的引导，加强诚实、友爱、敬畏、合作、尊重等核心价值的领引。成人社会应承担示范作用，为青少年树立起遵循核心价值的榜样。在引导方式上要与社会生活接轨，考虑社会生活的导向作用。第五，在全球化视角下开展青年工作。在当前全球化、信息化大背景下，

① 楚国清：《党的十八大以来习近平总书记关于青年工作重要论述》，《北京青年研究》2016年第2期。

② 吉海东、刘刚：《青年优先发展理念及其涵义》，《青年学报》2011年第1期。

中国的青年现象将越来越表现出明显的世界性，即中国青年的视野会更加开阔，真正地面向世界、走向世界；国际社会中的各种因素对中国青年的影响会越来越多，这些影响可能是正面的、积极的，也可能是负面的、消极的。面对这种客观情势，我们必须从全球化视角出发，做好青年工作，从而保证青年在实现中国梦进程中，始终成为推动社会进步的积极力量。

# 附录： 青年发展及研究发展

## 一、 研究中国青年问题的宏观背景

经过40年改革开放，中国开始进入“发展型社会”新阶段。生存型问题减少，发展型问题凸显。如果说，40年前我国早期的粗放改革，主要是给旧体制“捅娄子”，那么，后继的精细化改革，则主要是给新体制补漏洞。从破坏旧的，到完善新的，这是一个渐进过程。可以说，当前我国的改革开放已缓慢进入规则化、程序化、正常化过程。

从宏观面来看，尽管当前我国同样面临世界金融危机的考验，乃至于近来中美贸易争端的挑战，但支持中国经济增长的基本面因素没有改变：(1) 中国现代化处于起飞阶段，强大惯性支撑着中国未来长期增长；中国还正处于工业化中期，还有很强的增长动力、潜力；(2) 城市化、新农村建设需要国家巨大投入；(3) 国内有着巨大消费市场与消费潜力；(4) 经过百年屈辱和“文化大革命”，整个民族人心思定、人心思富；老百姓对国家有信心；支持国家政府对经济巨大投入热情比西方高，因为它能极大提升国家实力形象同时，给自己生活带来切实改变，所以“以党领政”、“举国模式”、政府主导发展市场经济模式等易被百姓接受。

毫无疑义，人类正进入高风险时代。但是不管面临多少危机、挑战，人类社会正生活在千年以来最幸福的时代。伴随抗菌素及各种发明，现代人能得到先进医学技术治疗，寿命越来越长；生活在各种现代化电器、干净饮用水、食品和舒适房屋，几十年已经没有世界战争、大规模瘟疫流行，世界日益进入一个“全球合作”时代，谁也缺少不了谁。

未来中国面临三大挑战：（1）工业化飞速增长，带来的对制度建设挑战；（2）人口老龄化与独生子女社会到来的巨大挑战；（3）需要面对人民日益增长的期望所带来的挑战。随着互联网普及，尤其是青年一代对世界了解越来越多，个人成就越来越大，人们倾向于提出更多的要求，政府需要不断地作出回应，以维护社会稳定，这是未来最大的一项挑战。

## 二、 如何评价当代中国青年?

伴随“改革开放后出生一代”（又被称之为“中国婴儿潮一代”）全面进入社会，一个“青年社会”已经来临。无疑，“改革开放后出生一代”将成为推动中国现代化与民主政治的主要力量。越来越多的人开始关注“应该如何评价改革开放后出生的一代”？目前，我国“文化大革命”后出生的青少年大约有三亿多人口。从经验事实出发，我们可感受到一个独生子女时代的来临。我们要认清这一代青年的思想特点，应把“80 后”、“90 后”放到历史与时代结合之坐标系上加以评判。

作为改革开放后出生的一代，“80后”、“90后”成长在一个社会加速发展的时代，基本上没有经历过危机和灾难。他们对社会看法、对未来估计比上一辈人乐观。他们是在市场经济中长大的，自懂事起，就生活在一个自费上学、自主择业、自己奋斗的社会。他们摆脱了旧体制的束缚，获得了自由发展的空间，却要承受谋生、就业的风险与压力。

作为生长在一个越来越开放、自由的经济社会里的新一代，“80后”、“90后”的生活方式、思想观念、道德标准、美学趣味、价值追求、时空观念，与前几代人明显不同。他们更多地采用生产力标准看待问题，更多地采用市场标准去评价人，更多采用与国际接轨的标准去审视周围事情。同时，他们又开始接受“后物质主义”价值观（自我实现、提高生活质量、表达自由等）。

以独生子女为主体的当代青年与前几代青年所不同的鲜明特征是：思想活跃，拥护改革开放，追求成功与富裕，同时也相对讲究个人感受与自我快乐，不太在乎别人的看法。改革开放后出生的一代观念价值已发生了深刻变化，而这种变化是与当代中国经济水平发展相适应、与改革开放和社会发展总体上相适应；青年作为天然拥护社会变革的力量，其健康成长与发展，有赖于社会文化的合理进步与发展，青年发展中的确经常存在或出现一些问题，但并不能据此否定青年发展的合理性和进步性。

我们不能再用旧尺度来量度他们的行为规矩，不能用旧眼光看待他们的生活方式。青年发展水平既代表社会的未来发展，更代表着社会进步价值的现实落脚点。青年发展和选择能力是在不断审察自己和投身于改革的社会实践中获得的。因此，社会文化的发展、成熟程度多少决定了青年文化的发展、成熟水平。笔者对中国青年新一代持乐观态度的基本理由是：社会越来越开放，经济越来越发达，中国的发展也越来越符合百姓的愿景，那么象征未来的当代青年怎么可能反而成为没有理想和信仰的一代？青年一代身上显现出的许多新的特质，说到底是由反映了社会进步的发展环境决定的。如果坚持用社会发展的指标和要求作为评价标准，那么我们就应该用发展的眼光、以一种与时俱进的姿态去观察他们。

同时，也要正视青年群体发展进程中的不确定性和非均衡性。由于青年特有的年龄阶段生理特点，相比于中年和老年，青年易冲动、情绪化、行为偏激等在所难免。当前，我们更需一种深层的爱国主义情感，一种居安思危、理性务实的精神。青年一代应多考虑如何从前辈手中接过改革开放 40 年的心血成果，如何带动整个国家以年轻的姿态迈好实现现代化的每一步，如何以自己的青春和智慧“反哺”社会和谐进步。

当前，青年发展和青年问题日益成为一个社会、一个领域和一个城市发展的重大课题。作为一种社会承前启后、富有生命力和创造力的代群，青年的发展程度是衡量一个社会发展程度的重要指标。从世代传递的角度看，一代总要胜过一代。同时，在向青年人学习的同时，学校、社会不能放弃对青年的正确引导。对包括“80 后”在内的新一代青年的评价与引导，要有全新的理念和全新的方法。最重要的是我们不能再把青年仅仅视作被教育的对象，而应充分肯定青年的历史作用；同样，在指出青年身上不足、引导他们的同时，我们又要努力改造完善社会环境本身。

## 三、 我国青年研究机构及40年来青年研究演进

每一个学科的建设与发展，离不开一大批专职学者们的共同协作与努力。经过40年的培养与发展，我国已大致形成了一批专门研究青年的学术机构、学术队伍。目前，国内专业的青年研究机构分三个部分：一是共青团系统，如中国青少年研究中心、地方各团省委或省团校下设的青少年研究所（中心），甚至于市一级的青少年研究所（中心），主要进行应用、工作研究。二是社会科学院序列中的青少年研究所。如中国社会科学院社会学研究所青少年研究室；上海社会科学院青少年研究所；广西壮族自治区社科院青少年研究所等，主要从事学术、决策咨询研究。三是高校中的青少年研究中心，如复旦大学大学生研究中心，河南省师范大学青少年问题研究中心等。

我国青年研究刊物主要有：《青年研究》（中国社科院）、《当代青年研究》（上海社科院社会学所）、《中国青年研究》（中国青少年研究中心），《中国青年政治学院学报》（中国青年政治学院）、《青年探索》（广州市青少所）等。此外，各省市青年干部学院也大多有自己的学报：如《山东青年干部学院学报》、《当代青少年研究》、《广西青年干部学院学报》、《广东青年干部学院学报》、《河北青年干部学院学报》、《辽宁青年管理干部学院学报》、《浙江青年专修学院学报》、《北京青年干部学院学报》等。

改革开放40年来，青年研究演进粗略可划分为以下三个阶段：

1.（20世纪80年代）：青年研究的诞生与兴旺期。20世纪80年代初中国社科院青少年研究所的成立，是我国青年研究在新时期迅速崛起的一个重要标志。就当时的社会背景而言，主要有三大因素推动了青年研究在短期内形成了火热的局面：其一，“文化大革命”结束，改革开放。这为整个社会带来了思想解放，也使青年群体的各种思潮和争论相继涌现（如“潘晓讨论”），为青年研究提供了有利的社会大背景。其二，青年问题突出并引起国家和社会层面的关注。因为当时的青年正处在反思“文化大革命”、迎接开放的徘徊与兴奋期，思想活跃、情绪激荡，青年与官方意识形态之间的对立和反叛情绪逐渐呈现，所以青年问题成为社会的焦点问题。其三，各级团校的恢复和团校建设正规化目标的提出。在这个时期，许多青少年研究机构相继成立，官方的支持给青年研究在学术界的合法化以及主流化奠定了很好的基础。因此，就当时的青年特点而言，主要有四个特点：其一，研究取向侧重政策性研究，带有很强的政治色彩，其宗旨是服务于青年工作和意识形态教育。其二，研究人员主要来自从事思想教育和青年工作的团的系统。其三，研究范式主要是治疗和拯救型的，因为当时的青年被视为是处在苦闷和困惑之中、具有反叛精神、容易犯错误的“问题群体”。青年研究就是要通过对这个问题群体的调查、了解，更好地教育和引导他们，避免他们走上邪路。其四，研究成果多，以“青年××学”或“××青年学”命名的著述不断问世，并创办了《青年学研究》、《青年探索》、《青年学报》等青年研究刊物。总而言之，20世纪80年代是青年研究的“激情年代”，整体上呈现出“轰轰烈烈”、“建号立派”的热闹景象，创造了一定的社会氛围，聚集了一批研究力量，逐渐形成了该领域的学术共同体，触及了学科发展问题，为后来的青年研究奠定了一定的基础；但也表现出学术含量较低，意识形态较浓的研究局限。①

2.（20世纪90年代）：青年研究相对冷静或沉寂的时期。这一阶段青年研究范围日趋扩大、人员逐渐分化、机构走向衰微。90年代的一个明显特点就是官方意识形态趋于保守、而经济领域趋于活跃，同时社会结构的分化和不平等日趋严重，青年问题逐渐被融化到各种社会问题中，或者被越来越多的社会问题取而代之成为主流社会关注的焦点。因此，这一阶段的青年研究呈现出以下特点：其一，研究取向上更加注重客观、规范的学术取向，研究者站在更加宏观和中肯的立场上看待青年与主流社会之间的关系。其二，研究队伍出现分化，一方面随着团校正规化发展的“夭折”，一些研究者相继转行；但同时随着高校相关学科对青年研究的关注度逐步增强，一批受过良好学术训练的专业研究人员开始进入青年研究领域。其三，研究范式虽然从根本上并没有多大改变，但看待青年的视角转向更为客观与尊重青年主体。青年被视为不仅仅有偏离主流的取向，而且还有被吸纳进主流的取向，与青年文化相关的更多正面的东西被强调。其四，研究成果的学术质量提升，涉及的内容更加丰富、范围更加广大（如独生子女、代沟、青年文化、青年价值观、青少年政策等），大型综合研究报告、地方的青少年白皮书等成果也愈益增多。但以“青年××学”命名的新作淡出视野。整体而言，这一阶段的青年研究呈现出“过渡期”般的特点，进入到自身反思与静修沉寂的时期，一方面在前期的研究积累上更趋于成熟与规范化，但也由于起步时缺乏基

① 吴小英：《青年研究的代际更替及现状解析》，《青年研究》2012年第4—5期。

本的问题解构、学术准备和方法论自觉，所以在学术界陷入日趋边缘化的尴尬境地。①

3.（2000年以后— ）：青年研究进入多元化和冷静上升的时期。21世纪，信息化、全球化给中国社会、文化带来了巨大变迁，身处其中的青少年在面临更多选择和自由的同时，也面临着前所未有的文化逆境与生存压力，因此青年问题已经现实地构成了社会问题的一部分，青年研究有着强劲的内需拉动力量。就其特点而言，2000年以后的青年研究呈现出以下特点：其一，研究取向上更加注重学术规范，虽然至今还没有完全摆脱初建时那种僵化的政治说教或者道德教化模式，但力图建立起自己独立的学术范式和传统成为该领域的主流声音。其二，研究人员的学术基础和专业化程度不断提高，队伍中有心理学、社会学、教育学等学科专长的硕士、博士等人员不断壮大。其三，研究范式多元化。受过正规训练、具有专业背景的人员，开始运用自身的学科、业界规范做青少年研究。随着现代文化中青年话语权的不断增大，他们作为新思想、新时尚有力传播者地位和对社会的“反哺”作用，开始得到了主导社会更多认可，这使青年研究本身呈现出更加多元、多样的研究方法。其四，研究成果丰富，逐步影响公共政策。与20世纪90年代相比，青年研究在研究方法、学术规范得到了较大提升。概括而言，在历经改革开放40年，中国青年研究开始进入一个新的历史阶段，正以一种积极、健康的正常化方式发展，处于一个可以称作研究转型时期——一种从“经验型”

① 徐浙宁：《“当代青年研究论坛”暨“青少年研究基础理论建设研讨会综述”》，《当代青年研究》2008年第12期。

研究范式转变到“专业化”研究范式时期。

## 四、 当代国内青年研究若干热点

客观地说，青年研究在国内仍处在前学科阶段，但仍作为“显学”受到学界的关注。就当前而言，我国青年研究值得深入的问题有：(1) 进入婚育期第一代独生子女的“独生父母”问题；(2) 青少年学业负担与青年就业压力所带来的社会后果；(3) 大批“海归”回国高潮的来临及对未来社会影响；(4) 农村留守儿童和第二代农民工子女就学问题；(5) 占城市青年一半人数之外来青年融入城市问题；(6) 西方思潮及互联网对青年影响及对策；(7) 青年新一代价值观及其未来走向；(8) 和谐社会建设与青年领袖培养；(9) 家庭教育、儿童同保护与社会政策；(10) 开放环境与青少年性观念性行为研究等。下面仅就当前大陆青年研究界关注的若干热点举要简介。

1. 青年就业和失业问题

在中国，就业问题已经成为一个长期困扰我国的严重社会问题。从1979年到1993年，我国已经经历了多次失业、就业困难高峰。第一次失业高峰发生在1979年，当年的失业人员达560万人，失业率为5.4%。第二次失业高峰发生在1989年，当年登记失业人员为378万人，失业率为2.6%。第三次失业高峰始于1993年，当年登记失业人员为420.1万人，失业率为2.6%。五年之后的1997年底，城镇登记失业人数就已达570万人，登记失业率达到3.1%。2001年，劳动力供给总量为73 574万人，比 2000 年的 72 806 万人增加 768 万人。2001 年剩余劳动力 1 406 万人，比 2000 年的 1 195 万人增加 211 万人。庞大的下岗和失业大军使我国的失业率不得不突破 4%的国际公认的警戒线。到了 2008 年，内地大学新毕业生至少有 30%暂时找不到工作，2015、2016 年内地大学毕业生就业率不断走低，内地 21—25 岁青年真实失业率已达 9.6%。

据中国社科院蓝皮书资料，中国城镇实际失业率为 7%—9%，已超过国际公认的警戒线。如果将尚未进行失业登记的城镇无业职工和大量的农村剩余劳动力也计算在内，那么我国的实际失业人员数量将更大，实际失业人数也更多。当前，中国青年、大学生就业问题已引起中央政府的高度关注。因为，这是关注社会稳定、关乎于未来中国可持续发展、关系到千家万户的重大民生问题。

2. 独生子女与家庭教育问题

目前，我国内地城市独生子女大约有 1 亿人。可以说中国大中城市，独生子女社会已经出现。独生子女成为每一个家庭关注的焦点和重点。研究表明，环境变量是影响家庭教育质量的重要因素。当前我国家庭教育面临挑战有：

独生子女成为家庭生活的中心。目前，城市中小学生几乎都是独生子女。按照国外“智力汇合”理论，独生子女比多子女家庭更易受到父母在经济、精力、时间上的投注与关爱。其有利条件是双亲和其他家庭成员对独生子女倾注的感情和教育精力可达到最大的可能值；不利方面，这又容易造成双亲对于子女的过度关心、过高期望及以溺爱子女为特征的不良教育态度，反而不利于儿童的心智成熟与发展。

家庭中人际关系趋于简单。现代家庭中，由于祖辈到孙辈呈减数排列，传统大家庭中那种复杂多角的人际关系逐渐消失。家庭成员的相对减少，使家庭人际关系由复杂走向单纯。这也使家庭成员在家庭生活中领会不到全部复杂的人际和交往关系，也就体验不到传统式家庭生活的社会经验。这会给家庭教育带来较大影响。

中国父母育儿观存在偏差。许多调查表明，中国父母的育儿观念与西方国家明显不同。西方国家父母育儿着眼于，培养孩子具有适应各种环境和独立生存能力。基于这种观念，西方国家的很多家庭十分重视孩子从小的自身锻炼。他们普遍认为，孩子的成长必须靠自身的力量。因此，要从小就形成自立的意识和独立生活的能力。与西方国家相比，中国大多数家庭父母往往着眼于孩子将来有出息、有个好职业、一生能在顺境中度过。基于这种企盼，多数家长认为，父母对孩子的责任就是让他们生活得好。孩子成长中能给他们多少幸福就给他们多少幸福。为此，在孩子的成长过程中，除生活上加倍关心外，父母最关心的是孩子的智育。为使孩子学习好，能成龙成凤，除了学习，什么都不让孩子干。至于孩子的独立生活能力、对未来社会的适应能力，以及公民意识等则很少考虑。

大众传媒迅猛发展对家庭教育带来隐性冲击。随着电视、电话的普及，加之电脑大量涌入家庭以及信息高速公路的开通，社会影响进入家庭领域的途径越来越多，周期越来越短。尤其是网络上的各种信息给青少年的影响是具有颠覆性的。现代家庭如何调节和控制社会影响，如何行之有效地在教育子女方面实行家庭影响和社会影响的良性组合，是当前家庭教育面临的新挑战。

3. 关于“80后”现象

“80后”最早是对1980—1989年出生作家之称呼，其后被广泛应用到其他领域。在人口社会学意义上泛指中国大陆20世纪80年代出生的一代人，目前约有一亿多人。“80后”成长的这20年，是中国经济建设发展最快、社会结构转型最为激烈、科学技术发展最为迅速、人们思想观念最为解放、价值观也最为多元化的20年，这构成了这一代成长和发展的社会大背景。因此，有人说“80后”是不可概括的一代。因此，对他们的称呼只能以“80后”冠之。目前，国内研究主要是围绕“‘80后’为何如此倍受社会关注?”这一主线展开。主要从主体意识、价值取向、行为方式等视角来解读和评价这一代，并由此形成三种比较主流的分析框架：

第一种观点认为，“80后”是自私、没有责任感的一代，自我的一代（“M一代”）。缺失自主的主体意识，社会责任意识和积极向上的精神风貌；与美国所谓“垮掉的一代”的青年相比，他们没有反抗社会现状、寻求精神突破创造的勇气，只是一个没有超越和理想追求、没有批判意识的群体；审美观和价值观方面存在偏差，内心隔阂、行动叛逆。

第二种观点认为，“80后”是优点与缺点交织的一代。提出应将“80后”置于历史发展的坐标上加以评价。“80后”是在市场经济已经成为社会“常态”下的一种现象。前几代人的奋斗为“80后”的出现准备了历史条件，而他们的出现则确实反映了市场经济环境下社会的一些重要特点。因此，既要关注他们身上的缺点，更要看到他们背负的压力；既要看到他们身上的优势和强项，又要分清他们思想上的本质和非本质，主流和支流。

第三种观点则认为“80后”是“充满希望的一代”。公众和学界对“80后”做出许多积极、肯定评价。如：勇于承担社会责任，具有强烈的自信心和开放的宽容胸怀；他们身上体现出了大爱、大善与大勇，拥有前辈不曾有过的开放的阳光心态、面向世界的胸襟、整合吸收海量信息的能力，拥有天下各个角落的朋友。是“令人放心的一代”。

上述研究从不同侧面加深了我们对“80后”的认识，但却忽略了这样一个事实：“80后”不单是“嵌入式”地被历史叙述和表达，他们自身与社会都处于不断发展、演化过程之中，并互动影响建构着，而且“80后”代际内部也处于不断分化之中。对“80后”作静态、均质的分析是不够的，而应以一种“长时段”（Long-term）、动态演化模型来对其进行解释。

事实上，“80后”作为一种社会和文化现象，它既是一个经验事实，又是一个分析框架。作为中国改革开放后出生的新一代，他们快速成长历程与社会结构急剧变化是相辅相成的。只有将“80后”置于改革开放的时代大背景中，考察“80后”一代与社会变革之间波动、互作的影响关系，才能把握制度变革进程对“80后”究竟产生着怎样影响？“80后”群体变化趋势又对未来中国社会产生怎样的变革后果？在此基础上才有可能对“80后”群体特质做出较为真实、合理的解释。

4.“流动儿童”与“留守儿童”教育

“流动人口子女”问题，当前主要指“民工子弟”接受教育问题。而在人口流出较多的地区（尤其是中西部农村地区），问题则表现为“留守儿童”教育问题。从数量上说，进城务工人员在城市子女的数目远远没有在原籍子女的数目（“留守儿童”）多。根据全国妇联最新数据，估计大陆流动人口在城子女约为2 500万。而农村留守儿童，大概在4 800万。另外，目前中国大陆还有数十万的“流浪儿童”。

“流动人口子女教育”问题是在我国城乡二元社会结构背景下、在人口流动潮流中出现的，当今由于数量庞大，已经成为一个社会问题。“流动人口子女”问题主要指两个方面：一是接受何城市儿童同等待遇的义务教育问题；二是他们的融入城市问题。目前，主要还是解决“流动儿童”教育问题。

5. 青春期性问题

自从美国哈佛大学心理学教授埃里克森（1950）提出“青春期的危机与转机”理论。心理学一般认同青春期是“危机与转机”的关键时期。后来的美国社会学家哈维格斯特（Robert Havighurst）则强调，社会环境对个体的人发展的影响。人的发展实质上是学习并完成社会所要求的各种任务的一个过程。每个阶段都有相应的发展任务，如技能、知识、功能、态度等，每一阶段发展任务的顺利完成将会导致下一阶段发展任务的顺利完成，否则的话，将会导致下一阶段发展任务的无法顺利完成，导致社会的非难和个人发展的失败。与之形成鲜明对比的是，美国学者察勒纳认为，大多数青少年能够平安度过青春期，青春期作为“危机期”肇因于社会上对青春期广泛的错误认知。研究显示，多数年轻人在青春期和父母的关系良好，从他们身上学到做人处世的态度和价值观，并在青春期结束后，成为好公民。

近年来，关于青春期中青少年是处于心理冲突中？还是可以平稳度过？开始成为中国大陆青年心理学、青年社会学讨论的焦点。虽然，众所周知青春期是一个变化时期。青春期是少年身心变化最为迅速而明显的时期，在这个时期，青少年从儿童的身体、外貌、行为模式、自我意识、交往与情绪特点、人生观等，都脱离了儿童的特征而逐渐成熟起来，更为接近成人。这些迅速的变化，会使青少年产生困扰、自卑、不安、焦虑等心理卫生问题，甚至产生不良行为。因此，青春期是一个既可以预测、又不可预测的时期。也就是说，在这个时期中，人从儿童向成人发展是可预测的，但是在发展过程中会出现什么情况或问题则不可预测。那么大多数青少年在青春期究竟是处于心理冲突和消极反抗中？还是可以安全和平稳地度过？以及如何引导青少年安稳地度过青春期？

近年来，最新研究表明，青春期确是一个过渡的时期，一如更年期。尽管青春期有激烈的生理和荷尔蒙变化，却没有规定这必须是一个混乱时期。这得要看青少年原本的个性，和他们从身边成人所得到的感情上的支持。简而言之，和父母有很大的关系。对青春期的误解可追溯至一世纪前，目前，从事青春期研究的心理学家开始建构青少年的正面发展理论，寻求青少年时期不顺利的原因，发展心理学家重新检验这些假设。不再把焦点放在痛苦挣扎度过青春期的青少年身上。取而代之，将研究大多数青少年是如何安全、平稳地度过青春期。

## 五、 国内青年研究存在问题及出路

中国改革开放已经历了整整40年，现在需要对青年研究进行全面回顾、认真总结和反思。当前中国青年问题研究面临着诸多挑战。如青年研究水平不够高，对青年研究的基本理论仍没获得重大突破，还没出现公认的高水平理论文章或经典之作。造成主要原因有：第一，青年问题事实上已经成为社会问题之大部分。青年研究却没进入哲学社会科学学科序列与视野，也不像政治、经济、文化、法学等学科受到政府关注与重视。第二，青年学科的先天不足，本身属于所谓的小学科，难以形成一门独立的学科体系。学科建设子系统包括四个要素：学术队伍建设、学科研究方向建设、实验室建设、信息网络及图书资料建设，从上述四个方面来看，青年学科本身存在很多先天不足；第三，青年研究缺乏学派和学术争论，缺乏研究活力。不像政治学、经济学等显学科，存在诸多不同的流派和学术争论；第四，青年研究的队伍进入与流失。一些原来有造诣的专家已脱离本行业，成为其他领域的专家。与此同时，热心于青年研究的新生代研究者正在不断进入。但这支队伍需要整合与训练，研究水平亟待提高。

同时，须看到目前中国青年问题与社会问题呈现“同构化”趋势，青年与社会相互影响与关联性越来越明显，当下，大量的青年问题直接表现为社会问题。青年问题的解决对于构建和谐社会具有重要意义。现在社会发展与经济影响之间的关联度越来越大。GDP、PPI、CPI、资本、财富、股票、房市等变化，无不直接或者间接地影响每一个人的日常生活、工作和心理状态。青年代群对市场经济的感受最为直接、强烈。如中小学生升学压力、大学生心理健康、青年就业、青年择偶婚育压力、独生子女家庭教育、外来民工融入城市、流浪儿童、农村留守儿童问题等。青年人生存、发展的状况倒过来会对社会变革产生很大影响。因此，分析青年发展问题本身已经无法回避对于经济、社会发展状况的分析、预判。

有学者认为，在青年研究中，要严格地区分青年问题与社会问题之间的内涵与边界，只有这样，才是青年研究的独特使命。笔者认为，青年问题事实上已经成为社会问题，纯粹意义上的青年问题已经不存在。所以一方面青年研究者要有独立的研究视野，另一方面又不能离开社会背景来研究青年问题，研究青年问题必须与解决社会问题、保持社会经济可持续性、协调发展联系在一起。从学术研究意义上说，青年（问题）研究与对当下社会发展（问题）的关照应紧密相联。

值得指出是，在目前大陆，离开其他科学的支持而想建立单独的一门“青年学”还面临诸多困难。青年代群本身从历史上看一直是诸多学科关注的对象，青年问题和青年研究一直是跨越多个学科的综合研究领域，它涉及教育学、社会学、心理学、人类学、政治学、医学、人口学等众多学科。特别是在当今全球化背景下，青年研究呈现高度的开放性，重要的是跨学科整合和研究对象的参与。事实上，青年研究从一开始就没有被某个学科所垄断，也没有成为某个学科的专门化的事业。这既导致了青年研究处于学科“边缘位置”的客观情况，也使得青年研究具有更大的发展空间。青年研究不存在难以渗透的学科边界，不存在统一的概念、方法和标准，各个学科都可以介入青年研究；而不同学科的研究者进行青年研究时，可以不受限制地吸收其他学科领域的概念和方法。因此，当前在社会急剧转型背景下，我们青年研究要注重问题入手，强化问题意识，特别要注重对重大现实问题研究，加强对重大现实青年问题研究的跨学科综合研究，而不要急于构筑所谓的“巨型理论”或“宏大叙事”。

当前，必须深入研究青年代群价值取向变化及未来影响，加强对青年重大现实问题、重大社会政策的研究。当前青年研究现实性价值在于，针对青年在中国未来经济社会发展中所面临的重大问题，为青年公共决策提供科学依据。并努力实现某些具有重大学术前沿价值问题、重大现实问题的有机结合。随着经济市场化、文化多元化和利益多元化，原有青年群体的统一性质被打破，青年群体的分化、解体、碎片化趋势更趋明显，不同青年群体具有不同的显著特征，更具不同的个性。在这种背景下，沿着原来那种所谓70年代、80年代、90年代青年的“整体描述”方法，已经很难描述清楚已“异质化”、“原子化”的研究对象。新时期的青年研究，越来越需要研究方法的创新与突破。方法论的突破比问题发现更具有重要意义。

尤其要重视青年发展国家战略研究，加强中国青年思想发展演变研究。未来社会是以促进青年群体全面发展的青年社会，为此，我们应加强学术交流和青年研究队伍建设，积极推动中国青年研究发展，构建与时代发展要求相一致的青年发展战略、青年社会政策。具体地说，当前应该开展和加强当代青年思想发展史研究，重视青年发展国家战略研究，加强青年价值观研究，重视青年文化与文化现象研究，开展青年研究国际比较等等，通过青年战略的系统研究，开辟当代青年研究新的理论视野与研究内容，推动青年研究的不断进步。

# 参考文献

习近平：《决胜全面建成小康社会　夺取新时代中国特色社会主义伟大胜利——在中国共产党第十九次全国代表大会上的报告》，人民出版社2017年版。

A.丹尼尔·科尔曼：《生态政治——建设一个绿色社会》，梅俊杰译，上海译文出版社2006年版。

A.戈尔：《未来——改变全球的六大驱动力》，冯洁音等译，上海译文出版社2013年版。

爱德华·萨义德、戴维·巴萨米安：《文化与抵抗——萨义德访谈录》，梁永安译，上海译文出版社2009年版。

安奈兹：《解析社会福利运动》，王星译，格致出版社2011年版。

艾尔东·莫里斯、卡洛尔·麦克拉吉·缪勒主编：《社会运动理论的前沿领域》，刘能译，北京大学出版社2002年版。

保罗·梅森：《金融大崩溃：贪婪时代的终结》，中国社会科学出版社2012年版。

曹卫东：《德国青年运动》，上海人民出版社2012年版。

曹彦鹏：《改革开放 30 年中国青年政治参与历程和思考》，载《改革开放三十年与青少年和青少年工作发展研究报告——第四届中国青少年发展论坛暨中国青少年研究会优秀论文集》，2008 年。

查尔斯·蒂利：《社会运动：1768—2004》，胡位钧译，上海人民出版社 2009 年版。

陈晓运、周如南：《青年政治参与：类型建构与实证分析》，《青年探索》2016 年第 6 期。

陈映芳：《“青年”与中国的社会变迁》，社会科学文献出版社 2007 年版。

程福财：《从广场到身体：当代中国青年政治参与状况的嬗变》，《中国青年研究》2011 年第 9 期。

戴锐、马文静：《网络政治参与与青年政治意识的发展》，《学术交流》2013 年第 2 期。

戴维·米勒、韦尔·波格丹诺：《布莱克维尔政治学百科全书》，邓正来等译，中国政法大学出版社 2002 年版。

丹尼斯·史密斯：《历史社会学的兴起》，周辉荣、井建斌译，上海人民出版社 2000 年版。

董小苹：《全球化与青年参与》，上海社会科学院出版社 2004 年版。

方华堂：《无直接利益冲突群体性事件研究》，中南大学 2011 年硕士论文。

费尔南·布罗代尔：《地中海与菲利普二世时代的地中海世界》，唐家龙等译，商务印书馆 2013 年版。

冯仕政：《西方社会运动研究——现状与范式》，《国外社会科学》

2003 年第 9 期。

冯仕政：《西方社会运动理论研究》，中国人民大学出版社 2013 年版。

高红波：《我国青年政治参与研究述评》，《中国青年研究》2010 年第 1 期。

格林斯坦等：《政治科学大全》(第 4 卷)，《非政府的政治学》，台湾幼狮文化事业公司 1982 年版。

共青团中央青运史研究室：《中国青年运动史》，中国青年出版社 1984 年版。

顾莺：《政治参与与学生政治运动——理论分析以及对中国启示》，《中国青年研究》2012 年第 9 期。

国家卫生和计划生育委员会流人口司：《中国流动人口发展报告(2015)》，中国人口出版社 2015 年版。

何明修：《网络革命浪潮中的台湾社会运动》，《东方历史评论》2014 年 4 月。

侯丽娜：《新中国成立到二十世纪末青年政治参与的研究》，《教育界：高等教育研究》2013 年第 9 期。

侯丽娜：《新中国成立以来青年政治参与的历史考察与发展现状研究》，天津商业大学硕士学位论文，2014 年。

胡荣、沈珊：《社会信任、政治参与与公众的政治效能感》，《东南学术》2015 年第 3 期。

黄俊尧、金基福：《市民社会兴起下的韩国政治变迁》，《国际论坛》2004 年第 1 期。

江本武等：《当代大学生入党动机偏差及解决途径》，《武汉工程大学学报》2010 年第 2 期。

杰弗瑞·威克斯：《20 世纪的性理论和性观念》，宋文伟译，江苏人民出版社 2002 年版。

金观涛、刘青峰：《观念史研究：中国现代重要政治术语的形成》，法律出版社 2009 年版。

K.延森：《媒介融合：网络传播、大众传播和人际传播的三重维度》，刘君译，复旦大学出版社 2012 年版。

康有为：《大同书》，辽宁人民出版社 1994 年版。

孔飞力：《中国现代国家的起源》，生活·读书·新知三联书店 2013 年版。

郎友兴、薛晓婧：《“私民社会”：解释中国式“邻避”运动的新框架》，《探索与争鸣》2015 年第 12 期。

勒庞：《乌合之众：大众心理研究》，冯克利译，中央编译出版社 2004 年版。

李春玲：《中国当代中产阶层的构成及比例》，《中国人口科学》2003 年第 6 期。

李春玲：《青年与社会变迁：中国和俄罗斯的比较研究》，社会科学文献出版社 2014 年版。

雷开春、杨雄：《“新社会运动”视野下的青年集体行动》，《当代青年研究》2016 年第 1 期。

李兵：《青年参与网络政治活动的理论基础与政治稳定》，《中国青年研究》2014 年第 12 期。

李海涛：《论马克思主义政治价值观》，《南京社会科学》2005年第9期。

李均鹏：《蒂利的历史社会科学——从结构还原论到关系实在论》，《社会学研究》2014年第5期。

李培林、张翼：《中国中产阶级的规模、认同和社会态度》，《社会》2008年第2期。

黎晓武：《论网络背景下公民政治参与权的行使》，《求实》2010年第9期。

廉思等：《中国青年发展报告（2014）No.2：流动时代下的安居》，社会科学文献出版社2014年版。

廉思等：《中国青年发展报告No.3：阶层分化中的联姻（2017）》，社会科学文献出版社2017年版。

联合国教科文组织：《信使：看青年怎样改变世界》，http://unesdoc.unesco.org，2011年7月—9月。

林毓生：《中国意识的危机》，贵州人民出版社1988年版。

刘建娥：《青年农民工政治融入的影响因素及对策分析——基于2 084份样本的问卷调查数据》，《青年研究》2014年第3期。

刘精明：《教育与社会分层结构的变迁——关于中高级白领阶层的分析》，《中国人民大学学报》2001年第2期。

刘擎：《纷争的年代：当代西方思想寻踪2003—2012》，广西师范大学出版社2013年版。

刘淑春：《全球金融危机背景下的美国工会运动和美国共产党》，《马克思主义研究》2011年第9期。

刘毅：《中产阶层的界定方法及实证测度——以珠江三角洲为例》，《开放时代》2006 年第 4 期。

刘颖：《反全球化运动：新社会运动理论的视角》，《欧洲研究》2005 年第 2 期。

刘颖：《21 世纪的西方新社会运动：从反全球化运动到“占领”运动》，《理论月刊》2013 年第 8 期。

陆海燕：《论新社会运动对当代西方公共政策的影响》，《华中科技大学学报》2010 年第 5 期。

陆士桢、郑玲、王骁：《青年网络政治参与：一个社会与青年共赢的重要话题》，《青年探索》2014 年第 6 期。

马磊、刘欣：《中国城市居民的分配公平感研究》，《社会学研究》2010 年第 5 期。

曼瑟尔·奥尔森：《集体行动的逻辑》，陈郁等译，格致出版社 2011 年版。

曼纽尔·卡斯特尔等：《移动通信与社会变迁：全球视角下的传播变革》，傅玉辉、何睿、薛辉译，清华大学出版社 2014 年版。

彭榕：《现实的冷漠与网络的激情——青少年现实世界与网络世界政治参与的对比分析》，《中国青年研究》2011 年第 7 期。

让-查尔斯·拉葛雷：《青年与全球化：现代性及其挑战》，陈玉生，冯跃译，社会科学文献出版社 2007 年版。

人民论坛问卷调查中心：《2010—2014 社会思潮动向调查分析报告》，《人民论坛》2015 年第 1 期（上）。

塞缪尔·亨廷顿：《文明的冲突与世界秩序的重建》，周琪等译，新华出版社2010年版。

单光鼐、陆建华：《中国青年发展报告》，辽宁人民出版社1994年版。

苏颂兴、胡振平主编：《分化与整合：当代中国青年价值观》，上海社会科学院出版社2000年版。

沈建平：《我国青年政治参与和对策研究》，《中国青年政治学院学报》2012年第5期。

沈杰主编：《中国改革开放以来青年发展状况研究》，人民出版社2017年版。

孙宏艳主编：《新媒介与新儿童：新媒体与少年儿童社会化研究报告》，中国青年出版社2014年版。

王建平：《中产阶层：概念的界定其边界》，《学术论坛》2005年第1期。

王丽萍：《政治心理学中的态度研究》，《北京大学学报》（哲学社会科学版）2006年第1期。

王敏：《政治态度：涵义、成因与研究走向》，《云南行政学院学报》2001年第1期。

王晓升：《新社会运动"新"在何处——对20世纪70年代以来西方社会运动理论的思考》，《学术月刊》2011年第2期。

魏彤儒、郭牧琦：《我国当代大学生政治效能感的现实考量——基于2011年全国大学生政治效能感状况的数据调查》，中北大学学报（社会科学版）2012年第5期。

吴宜：《近年来台湾青年参与社会运动深层原因探析》，《台湾研究》

2015 年第 2 期。

西达・斯考切波：《历史社会学的视野与方法》，封积文等译，上海人民出版社 2007 年版。

杨德广、晏开利主编：《中国当代大学生价值观研究》，上海教育出版社 1997 年版。

杨雄：《当代青年文化回溯与思考》，河南人民出版社 1992 年版。

杨雄：《激情与理性：青年知识分子与激进主义思潮》，河南人民出版社 1994 年版。

杨雄：《中国青年发展演变研究》，上海文化出版社 2008 年版。

杨雄：《巨变中的中国青年》，上海人民出版社 2016 年版。

杨雄：《巨变中的中国社会》，上海人民出版社 2017 年版。

伊曼纽尔・沃勒斯坦：《现代世界体系》，郭方等译，社会科学文献出版社 2013 年版。

约翰・杜威等：《杜威传》，单中惠编译，安徽教育出版社 2009 年版。

约翰・罗尔斯：《正义论》，何怀宏等译，中国社会科学出版社 1988 年版。

约瑟夫・斯蒂格利茨：《应对全球性危机需要作出全球性反应——对话》，《国外理论动态》2012 年第 6 期。

约瑟夫・熊彼特：《经济发展理论》，何畏译，商务印书馆 1990 年版。

曾燕波：《青年八大热点问题》，上海社会科学院出版社 2007 年版。

张国清：《青年政治心理探索》，同济大学出版社 1994 年版。

张虎祥、仇立平：《中国社会治理的转型及其三大逻辑》，《探索与争鸣》2016 年第 10 期。

张旭东、孙宏艳主编：《从“90后”到“00后”：中国少年儿童发展状况调查报告（2005—2015）》，中国青年出版社2016年版。

张月、马玉海：《当代青年非理性政治参与的原因及消解》，《中国青年研究》2016年第1期。

赵波文：《当代中国社会政治价值观调查报告》，《甘肃理论学刊》2009年第6期。

赵林栋：《青年农民工的身份认同和政治参与》，《当代青年研究》2013年第6期。

中国社会科学院社会学研究所“当代中国青年价值观念演变”课题组：《中国青年大透视：关于一代人的价值观演变研究》，北京出版社1993年版。

周贺：《社会转型前与社会转型期中国青年政治参与的比较》，《中国青年政治学院学报》2002年第4期。

周明宝：《大学生入党动机偏差的诊断与矫治》，《人才开发》2008年第12期。

周庆智：《当代中国的政治参与——政治现代化意义上的讨论》，《哈尔滨工业大学学报（社会科学版）》2015年第3期。

Abramson，P.R.. *Political Attitudes in America*：*Formation and Change*. W.H.Freeman and Company. 1983.

Adams，J.Stacy. 1965. Inequity in Social Exchange. In Advances in *Experimental Social Psychology*(*2*)，edited by L.Berkowitz. New York：Academic Press；Polk，D.M. 2011.

Banaji，S.，"'The trouble with civic：a snapshot of young people's civic and political engagements in twenty-first century democracies" in *Journal of Youth Studies*, 2008, 11(5):543—560.

Ben Kirshner, Ellen Middaugh (ed.), *Youthaction: Becoming Political in the Digital Age*, Information Age Publishing, 2014.

Budd L.Hall, Darlene E.Clover, Jim Crowther(ed), *Learning and Education for a Better World: The Role of Social Movements.* Sense Publishers, 2012.

Charles J.Hanley. *US Training Quietly Nurtured Young Arab Democrats.* The Associated Press, 2011.

Charles Tilly, "Britain Creates the Social Movement", in James E. Cronin and Johnthan Schneer eds., *Social Conflict and Political Order in Britain*, New Brunswick, NJ: Rutgers UP 1982.

Chris Harman, Autonomism For the People. *Socialist Review.* 2003, December.

Crawford, K., "On politics and citizenship" in *Adult Themes: rewriting the rules of adulthood*, Sydney: Pan Macmillan, 2006, 219—249.

Dahlgren, P., *Media and Political Engagement*, Cambridge University Press Cambridge, 2009.

Dana R.Fisher, Youth Political Participation: Bridging Activism and Electoral Politics, *Annual Review of Sociology*, 2012, 38(1):119—137.

Davide Calenda, Albert Meijer, "Young People, the Internet and Political Participation", *Information Communication & Society*, 2009, 12

(12):879—898.

Denise M.Polk, Evaluating Fairness: Critical Assessment of Equity Theory. In *Theories in Social Psychology*, edited by Chadee, D.Chichester; Malden, MA: Wiley-Blackwell. 2011.

Doug McAdam, John G.McCarthy and Mayer N.Zald, *Comparative Perspective on Social Movement: Political Opportunities, Mobilizing Structure, and Cultural Framings*, Cambridge, UK; Cambridge University Press, 1996.

Edwards, K., "Youth Democracy and Social Change", presented to Social Change in the 21st Century Conference held at Centre for Social Change Research in Queensland University of Technology, 27. October, 2006.

Eric Schmidt, Jared Cohen. *The New Digital Age: Reshaping the Future of People, Nations and Business*. New York: Knopf, 2013.

Federico M.Rossi, Youth Political Participation: Is This the End of Generational Cleavage? *International Sociology*, 2009, 24(4):467—497.

Fournier, B. & Reuchamps, M., Youth Political Interest, Political Participation & Civic Education in French-Speaking Belgium, Paper presented at *the Civic Education & Political Participation Workshop*, University of Montreal, 2008, June 17—18.

Gary Mark and Doug McAdam, "Social Movement and the Changing Structure of Political Opportunity in the European Union", *West European Politics*, Vol.19, No.2(April 1996), p.252.

Glenn H. Utter, *Youth and Political Participation: A Reference*

*Handbook*, ABC-CLIO, 2011.

Greenberg, A., "New Generation, New Politics: As Generation Y steps in to the polling booths, how will political life change?" in *The American Prospect*, 2003, 14(9):A3—A5.

Gurin, A.Campbell. G. and Miller, W.E.. *The Voter Decides*. Evanston, IL: Row, Peterson and Company. 1954.

Henry A.Giroux. *Youth in Revolt*: *Reclaiming a Democratic Future*. Paradigm Publishers, 2013.

Inglehart, R. *The Silent Revolution*: *Changing Values and Political Styles Among Western Publics*. Princeton: Princeton University Press. 1977.

Jeffery N.Wasserstrom, *Student Protests in Twentieth-Century China*: *The View from Shanghai Stanford*: Stanford University Press. 1997.

John Dewey. The Sequel of the Student Revolt. New Republic. 1920, (21): 380—382, In The Middle Works of John Dewey, Volume 12, 1899—1924: 1920, *Reconstruction in Philosophy and Essays*. Southern Illinois University Press, 2008:27.

John McCarthy, Zald, Mayer. Resource Mobilization and Social Movement. A Partial Theory, in Zald, Mayer; McCarthy, John(ed.): *Social Movements in an Organizational Society*. *Collected Essays*. New Brunswick; London. 1987.

Jonny Jones. *Social Media and Social Movement*. *International Socialism*, 2012. April.

Ken Roberts, Individualization and Risk in Eastern and Western Europe. In Helena Helve and John Bynner(eds.), *Youth and Life Management: Research Perspectives*. Helsinki University Press, 1996.

Kondratieff, Nikolai D., *The Long Waves in Economic Life*, Martino Fine Books, 2014.

Lipka, S. and R. Wiedeman, "Young Voters Overwhelmingly Favoured Obama, Swinging Some Battleground States", in *The Chronicle of Higher Education*, 2008, 55(12):A21.

Mayssoun Sukarieh, Stuart Tannock. *Youth Rising? The Politics of Youth in the Global Economy*. Routledge, 2014.

Miriyam Aouragh, Anne Alexander. The Egyptian Experience: Sense and Nonsense of the Internet Revolution. *International Journal of Communication*, 2011, (5):1344—1358.

Moataz A.Fattah. Five Reasons Why Arab Regimes are Falling. *The Christian Science Monitor*. 2011-2-8.

Nicholas Christakis, James Fowler. *Connected: The Surprising Power of Our Social Networks and How They Shape Our Lives*. Little, Brown and Company, 2009.

Neil J. Smelse. *Theory of Collective Behaviour*. New York: Free Press. 1962.

Odegard, G. and F.Berglund, "Opposition and Integration in Norwegian Youth Networks: The Significance of Social and Political Resources 1992—2002" in *Acta Soociologica*, 2008, 51(4):275—291.

Philip Abrams, *Historical Sociology*, West Compton House, Open Books, 1982.

Putnam, R., *Bowling Alone: The Collapse and Revival of American Community*, New York: Simon & Schuster, 2000.

Qian Gang. China's malformed media sphere. *China Media Project*. University of Hong Kong. 2012.

R.J. Johnston, Derek Gregory, Geraldine Pratt & Michael Watts. *The Dictionary of Human Geography*. Blackwell. USA, 2000.

Roksolana Suchowerska, *A Generational Approach to Modelling Touth's Engagement in Politics*, A thesis submitted in partial fulfillment of the requirements for the degree of Bachelor of Arts with Honours, Department of Sociology and Social Policy, The University of Sydney, 2009.

Rudig Schmitt 2 Beck, "A Myth Institutionalized: Theory and Research on New Social Movement in Germany Europe", *Journal of Political Research*, 21/1992, pp.357—383.

Russell Dalton, ed. *Engaging Youth in Politics*, New York: Open Society Institute, 2011.

Sekou M.Franklin. *After the Rebellion. Black Youth, Social Movement Activism, and the Post-Civil Rights Generation*. NYU Press, 2014.

Sharon Smith. The Future in the Present: Marxism, Unions and the Class Struggle. *International Socialist Review*, 2011, 178, July-August.

S. R. Arnstein. A Ladder of Citizen Participation. *Journal of the American Institute of Planners*, 1969, (35):216—224.

Sunaina Maira. Jil Oslo: *Palestinian Hip Hop, Youth Culture and the Youth Movement*. Tadween Publishing, 2013.

UNDP, "Enhancing Youth Political Participation throughout the Electoral cycle", 2012.

Walter Nicholls. *The DREAMers: How the Undocumented Youth Movement Transformed the Immigrant Rights Debate*. Stanford University Press, 2013.

Williem Sewell, "Collective Violence and Collective Loyalties in France: Why the French Revolution Made a Difference", *Politics and Society*. 14(1990)

Verba, S., Schlozman, K.L. and Brady, H.E. *Voice and equality: Civic voluntarism in American politics*. Cambridge, MA: Harvard University Press. 1995.

Vromen, A., "'People Try to Put us Down...': Participatory Citizenship of 'Generation X'" in *Australian Journal of Political Science*, 2003, 38(1):79—99.

**图书在版编目(CIP)数据**

改革开放40年与中国青年/杨雄,张虎祥著.—上海:上海人民出版社,2018
(上海市纪念改革开放40年研究丛书)
ISBN 978-7-208-15416-2

Ⅰ.①改… Ⅱ.①杨… ②张… Ⅲ.①改革开放-关系-青年工作-研究-中国-现代 Ⅳ.①D619 ②D432.6

中国版本图书馆CIP数据核字(2018)第206308号

**责任编辑** 罗俊华
**装帧设计** 人马艺术设计·储平

上海市纪念改革开放40年研究丛书
**改革开放40年与中国青年**
杨 雄 张虎祥 著

**出　　版** 上海人民出版社
(200001 上海福建中路193号)
**发　　行** 上海人民出版社发行中心
**印　　刷** 上海商务联西印刷有限公司
**开　　本** 787×1092 1/16
**印　　张** 16
**插　　页** 4
**字　　数** 177,000
**版　　次** 2018年10月第1版
**印　　次** 2018年10月第1次印刷
ISBN 978-7-208-15416-2/D·3277
**定　　价** 48.00元